Su Mayor Capital
por
Tom Leding

TLM Publishing
Tulsa, Oklahoma
USA

SU MAYOR CAPITAL
Copyright © 2002 por TLM Publishing,
4412 S. Harvard, Tulsa, OK. 74135, USA

Todos los derechos reservados según la ley literaria internacional. Está prohibida la reproducción total o parcial del contenido y/o cubiertas sin el permiso escrito del autor.

Publicado originalmente en inglés bajo el título:
Your Greatest Asset
Copyright © 1999, por Tom Leding, TLM Publishing

Su Mayor Capital
ISBN: 1-890915-10-6

Impreso en los Estados Unidos de América.
Los textos bíblicos han sido tomados de la Versión Reina Valera 1960 © Sociedad Bíblica en América Latina y de la NVI (Nueva Versión Internacional) 1979, 1985, 1990 © por Sociedad Bíblica Internacional. Para mayor énfasis, el autor ha puesto palabras de las citas bíblicas en bastardilla.

TLM Publishing
4412 S. Harvard,
Tulsa, OK. 74135
www.tomleding.com

Contenido

Prólogo

Prefacio

1. Las Ideas: ¿Realidad o Fantasía?..........................10

2. Como Escoger Su Personalidad..............................15

3. El Mayor Capital del Hombre................................21

4. Nadie Posee un Libre Albedrío Absoluto...........27

5. La Ignorancia no es Felicidad................................32

6. Alguien Que Cambió su Personalidad.................39

7. Acepte Su Responsabilidad Personal....................44

8. Como Escoger su Destino.......................................49

9. Huellas en Las Arenas del Tiempo........................55

10. Cómo Escoger la Prosperidad..............................61

11. La Clave Principal: Seleccionando Sus Palabras..............69

12. Como Escoger la Felicidad....................................74

13. Cuando los Hombres Buenos Se Callan............78

Diez Elecciones Que Cambian la Vida......................88

Acerca del Autor...90

Prólogo

Recomiendo el libro más reciente de Tom Leding, «Su Mayor Capital». Como reconocido autor, orador y locutor radial, Leding presenta el derecho inajenable que Dios ha dado al hombre, en un estilo único de ilustraciones por medio de palabras.

El derecho a escoger es a menudo desvalorizado, mal interpretado, y mal representado por varias teorías sicológicas y doctrinas teológicas. Aunque en si, este derecho puede ser el principio más importante de la vida, también es una de aquellas verdades que no se le da la importancia debida, o que se descuida y se le da mal uso.

Frecuentemente, aun los cristianos caen en la apatía de pensar que no tienen ningún control sobre las cosas que les ocurren. El mundo se refiere a esto como la suerte o «lo que tiene que ser, así será», y los cristianos fácilmente pueden caer en esta forma de pensar.

Simplemente, porque uno se sienta desamparado, en verdad no significa que uno lo esté. Leding utiliza las palabras de hombres sabios que a través de los siglos han ilustrado la verdad bíblica que, desde Adán y Eva en adelante, los hombres y las mujeres han tenido la habilidad de controlar mucho de lo que ocurre en sus vidas.

Su Mayor Capital señala de una manera clara y positiva, que podemos tomar el control de nuestro destino, porque el maravilloso don de la gracia de Dios para la humanidad, es el libre albedrío; con el, podemos realizar cambios positivos en todas las areas de nuestra vida.

Mi buen amigo Tom Leding nos ha mostrado en este libro una perspectiva más clara a la enseñanza del pensamiento positivo y la motivación. El mensaje principal es este: Utiliza tu mayor capital, tu derecho a escoger, para realizar la voluntad de Dios en tu vida.

—Bob Harrison
Tulsa, Oklahoma

Prefacio

El fundamento de mis escritos, y el tema principal de todos mis libros es Jesús, y como asemejarnos a El para vivir una vida cristiana de victoria. No obstante, las piedras que utilicé para edificar mi programa radial «Who Said That?» «¿Quién lo dijo?», y mis libros, son ideas expresadas en la Biblia y en los dichos y escritos de hombres y mujeres sabios a través de los siglos.

Sin haber primero un idea, ninguna cosa ocurrió ni tampoco ocurrirá.

Las ideas preceden a los hechos.

Las ideas forman un comportamiento.

Las ideas causan las guerras o la paz.

Las ideas traen prosperidad y progreso.

El universo con sus maravillosas estrellas, planetas, agujeros negros... la tierra con sus maravillosos mares, montañas, plantas, y animales... y la humanidad con nuestro terrible o maravilloso potencial, todo esto fue originado como una idea en la mente del Creador. «En el principio» todas las cosas fueron sólo ideas, pensamientos e imaginaciones en la mente de Dios.

Sin embargo, las ideas que sólo permanecen como pensamientos en nuestra mente no son poderosas sino infructíferas. En la vida, aquellos que «cambian el curso de la historia» son los que convierten una idea, en una realidad.

En este pequeño libro, espero poder impresionar una idea –un hecho, o un principio de existencia– que se convierta en una realidad en la vida de cada lector. El hecho al que me refiero es que Dios ha dado a cada persona la capacidad para determinar su propio destino. Cuando una persona llega al entendimiento del potencial y las posibilidades que Dios diseñó para que viva, con la ayuda de Dios, puede alcanzar en su vida aquello que desea.

Es mi oración que todo aquel que lea este libro sea transformado en una persona que sabe que Dios lo creo con un derecho, y una capacidad que determina su destino. Esta capacidad es el derecho a escoger.

Es mi oración, que al terminar este libro, cada lector tome la determinación de examinar como el o ella han –o no– ejercitado este derecho en el pasado, y como la personalidad, las circunstancias, y el futuro pueden ser cambiados para mejor.

Es mi oración que cada lector entienda enteramente el poder de esta herramienta llamada «el derecho a escoger», para el bien o para mal, y que también entienda que para que una idea se haga realidad debe ser llevada a cabo.

El hombre tiene libre elección, de lo contrario sólo tiene consejos, exhortaciones, mandatos, prohibiciones, recompensas, y los castigos serán en vano.[1]

–Santo Tomás de Aquinas
Teólogo del siglo 13

Cada vez que hace una elección, está cambiando la parte central de su ser, la parte que escoge, en algo diferente a lo que era antes.

Y considerando su vida enteramente, con todas las elecciones innumerables que ha hecho durante su vida, lentamente está cambiando este centro en la criatura que está en armonía con Dios, con otras criaturas, y con sí mismo; de lo contrario en una que está viviendo en un estado de guerra.

...Todos estamos a cada momento progresando en uno de estos dos estados.[2]

– C. S. Lewis
Mere Christianity

---

[1] *Aquinas. Summa Theologica, Pt. I, Primera Parte, Q82, Art. 3.*
[2] *(New York: Macmillan Publishing Co., Edición tapa blanda, 1977)*

1
Ideas: ¿Realidad o Fantasía?

Los grandes pensamientos (ideas) llevados a la práctica, se convierten en grandes obras.

...Las grandes obras crecen de grandes oportunidades, y las grandes oportunidades surgen de nobles principios, obrando así cambios en la sociedad; desmenuzándola en sus raíces. [1]

—William Hazlitt
Pensador del Siglo 9

Cuando Dios dijo: **Hagamos al hombre a nuestra semejanza** (Génesis 1:26), ésta fue una idea; no obstante, supongamos que El nunca hubiera hablado esta idea.

Supongamos que Dios se hubiera contentado con sólo pensar en grandes ideas; el universo y la humanidad jamás hubieran existido. Sin embargo, Dios empezó *declarando* Sus ideas, y al hacerlo, cada una de ellas: la luz, las tinieblas y la humanidad se hicieron realidad.

Una idea que no se lleva a la práctica jamás se hará realidad; sino que permanecerá como un sueño o una fantasía que sólo existe en la mente.

Supongamos que los padres fundadores de esta nación no hubieran sacrificado sus vidas para que los ideales de libertad e igualdad se hicieran realidad. En este caso, los Estados Unidos de América no existiría hoy.

Lo maravilloso de esto, así como la creación, es que el Creador de todas las cosas – Aquel quien primero imaginó todas las cosas – incluyó en nosotros esta misma capacidad. Dios nos creó con imaginación para que desarrollemos ideas, y con una voluntad para que las hagamos realidad.

Debido a que no somos Dios, sino que fuimos «hechos a Su imagen» - semejantes a El, pero no como El es – nuestras capacidades no son iguales en extensión o en poder a las del Creador. Sin embargo, en esta vida, podemos y deberíamos activar nuestras capacidades otorgadas por Dios para cambiar nuestra vida, nuestro estilo de vida, y nuestra sociedad.

Debido a que tenemos una voluntad semejante al Creador, poseemos un *derecho inajenable* de escoger cómo será nuestra vida. Este parece ser el único derecho inajenable que Dios le ha dado al hombre; si no ejercitamos este derecho, no podemos culpar a nadie sino a nosotros mismos.

La humanidad fue creada con la capacidad de pensar, tener visión, idear, y hacer que esas ideas se hagan realidad en la escala humana, y en el ambiente material que Dios creó. A la diferencia de Dios, no podemos hablar o «declarar» creando así instantáneamente algo en el mundo visible y material.

Agustín de Hippo, un destacado líder de la iglesia primitiva del cuarto siglo, quien más tarde fue canonizado por la iglesia católica, una vez comentó sobre la paradoja de un Dios soberano que permite a Sus seguidores el derecho de escoger:

> *Aquel que nos creó, sin nuestra ayuda, no nos salvará sin nuestro consentimiento.* [2]

Esta es una asombrosa verdad, ¿no le parece? Como seres creados, ¡claro que no somos todopoderosos! Sin embargo, nos es dado el potencial, para hacer realidad las cosas que ideamos progresivamente, a través del tiempo, por medio de la *combinación* de nuestras palabras, nuestras actitudes y nuestras acciones.

Cuando tomamos la decisión de hablar, *trabajar y actuar* de tal forma que la realidad en nuestra vida alcanza nuestro sueño y nuestras ideas, estamos viviendo conforme al plan que Dios ideó para Sus hijos, realizando así nuestro potencial dado por Dios.

Quizá usted se pregunte dónde debe comenzar, ¿necesita hacer cambios en su vida en todas estas áreas? Si es así, ¿cómo puede saber con que área tratar primero?

¿Dónde Comienza a Cambiar Su Vida?

El primer lugar donde comenzar a ejercer su derecho a la elección, es *dentro de usted mismo*, en su corazón. La desición que cambiará su vida, si aún no la ha hecho, es ejercer su derecho de recibir a Jesucristo como su Señor y Salvador. (Juan 3:3; Romanos 10:9,10)

Después que su interior, su corazón o su espíritu, ha sido cambiado por Dios a través de su decisión de recibir a Jesucristo, se encontrará haciendo nuevas decisiones en cuanto a su actitud y su comportamiento.

¿Y qué de su personalidad?

¿Qué de la «persona» que el mundo conoce y ve en usted? ¿Se asemeja a Jesús?

A medida que estudie las enseñanzas de Jesús en el Nuevo Testamento, aprenderá cómo ejercitar su derecho de manera que estas le lleven a asemejarse a El, el proceso de «conformarse a Su imagen» se llama «la santificación». (Romanos 8:29)

¿Piensa usted que nació con la personalidad que hoy posee? ¿Alguna vez pensó en esto?

De ninguna manera, usted no nació «tal como es hoy». Claro, posee algunos rasgos heredados, sin embargo, su personalidad es la suma de todas las decisiones que tomó desde pequeño acerca de cómo actuar o reaccionar con aquellos que le rodean, o con las cosas que le ocurrieron. Estas decisiones moldearon o causaron que su actual personalidad haya sido forjada sobre el fundamento de las características heredadas.

Durante años, las ciencias sociales han debatido sobre cuál es el factor de mayor importancia: ¿el hereditario o el medio ambiente? En verdad, ambos tienen que ver con quien es usted hoy. Las decisiones que toma, son el factor más importante para determinar su personalidad.

¿Está usted satisfecho de su manera de ser, o está conciente que hay rasgos negativos en su personalidad? Usted puede cambiar. Usted puede escoger como ser, porque Dios no sólo le ha dado el derecho de ser diferente, sino la capacidad para lograrlo.

¿Cómo puede usted cambiar su personalidad? Mi amigo Jim Stovall, cofundador de "Narrative Televisión Network", dice «Puedes cambiar tu vida, si cambias tu mentalidad». Esto significa cambiar la manera que usted piensa, la forma que percibe el mundo, y por cierto, la forma en que se ve a sí mismo.

La mayoría de las personas tienen un concepto más bajo de sí mismos y de sus habilidades, de lo que en verdad deberían ser; y otros tienen «un concepto más alto de sí que el que deben tener» (Romanos 12:3). Es importante poder examinarse con sinceridad, y no es algo fácil de hacer.

La mayoría de nosotros nos miramos como si estuviéramos frente a un espejo, sólo vemos lo que es obvio y en dos dimensiones. Sin embargo, otros saben que lo que se demuestra a los demás – "la careta" – oculta los defectos y las cosas negativas.

En verdad, mirarse a sí mismo es como recorrer un laberinto en el parque de diversiones con muchos espejos que distorsionan lo que vemos. Estos espejos son un reflejo de nuestros propios pensamientos, o de los demás, que hacen que nos veamos deformados.

Esta es la razón por la cual muchas jóvenes con figuras esbeltas, ven en el "espejo" de su mente, una imagen gorda o distorsionada programada por la moda. Luego como consecuencia, desarrollan desordenes alimenticios tratando de acomodarse a la "imagen" distorsionada del espejo de la sociedad.

La forma bíblica de tratar con la distorsión en el "espejo" de la mente, es *cambiar el espejo*.

Derribando argumentos y toda altivez que se levanta contra el conocimiento de Dios, y llevando cautivo todo pensamiento a la obediencia de Cristo.
2 Corintios 10:5

Verse a sí mismo de otra forma a la que Dios lo ve es una imaginación que se «levanta contra el conocimiento de Dios». Es errado y dañino verse más bajo de lo que Dios lo ve, como también verse más alto.

Una vez que usted tenga un imagen imparcial de sí mismo, podrá ver cuales son los rasgos que necesitan cambiar conforme a la imagen de Jesús, y aquello que necesita pulir y mejorar.

---

1 Hazlitt, William "Table Talk" (1821, 1822); del libro "The Great Thoughts", compilado por George Seldes, (Nueva York: Ballantine Books, 1996, 1985), pag. 196.
2 Draper, Edythe. "Draper´s Book of Quotations for the Christian World", (Wheaton, IL?, Tyndale House Publishers, 1992), Pag. 5

2
Como Elegir Su Personalidad

Todos quieren cambiar el mundo, pero sólo el mejor quiere cambiarse a sí mismo. [1]

–Leo Tolstoy
Reconocido escritor Ruso

Si usted ha leído hasta aquí, significa que al menos está pensado en su derecho a escoger. Quizá por primera vez en su vida, la idea que *todas* las decisiones son importantes, se hayan convertido en una realidad para usted. Si esto es así, entonces está a punto de poder cambiar su vida para mejor.

La empresaria y autora cristiana Mary Crowley dice así:

Somos libres hasta alcanzar nuestra elección, luego esa decisión, nos gobierna. [2]

Toda decisión que haya tomado en su vida tiene consecuencias, y esas consecuencias tienen un cierto grado de control sobre usted. Tomar las decisiones correctas le pondrán en las circunstancias y las consecuencias correctas.

Quizá usted piense que esto es verdad, en referencia al empleo, al matrimonio, al lugar donde vive, al vehículo que compre, pero se pregunta ¿cómo puede aplicarse a su personalidad? Esto afecta todas las áreas de su vida porque el Creador nos dió el poder de elegir en todas las áreas, y a cierto punto, tenemos el poder para controlar nuestras circunstancias, como también poseemos el poder para moldear nuestra personalidad.

Los resultados de todas las decisiones que tomó, – en referencia a su personalidad actual – ¿son permanentes? La mayoría de la gente piensa que si.

«Bueno, yo soy así, y no puedo evitarlo».

"Yo soy así" (lo que sea) no es el molde en que usted nació; sino más bien la forma que usted decidió ser, y por cierto puede evitar de actuar de "esa" manera.

«Mi papá era así, mi abuelo también era así, por lo tanto es algo que viene en la familia» (ser obstinado, de mal genio, ridiculizar y payasear en lugar de enfrentar las situaciones, apartarse de aquellos con diferentes opiniones a las nuestras, en lugar de participar en una comunicación amigable, etc…)

No, usted "es así" porque escogió ser como su padre (o madre), y su padre escogió ser como uno de sus padres. Esto se llama "tomar ejemplo del medio ambiente en que uno fue criado".

En el reino animal se lo llama "instinto". Si un animal es criado en un hogar humano, y se lo trata como a uno de la familia, se cree una "persona", y actuará similarmente a un ser humano.

El animal es "programado" por su medio ambiente y no tiene la capacidad para cambiar porque no tiene un verdadero derecho a escoger, ni la inteligencia para escoger. La única forma que podría cambiar, sería si fuese regresado a su ambiente salvaje y volviera a sus "instintos" naturales, que son hereditarios, no aprendidos.

Aún así, en gran proporción, su destino será determinado por lo que aprendió estando con las personas. Por ejemplo, un ciervo criado por seres humanos probablemente tendría una corta vida en el bosque porque no tendría miedo al hombre.

Diferente a los animales, el hombre fue creado a la semejanza de Dios con el derecho a escoger. Por lo tanto, cuando usted llega a ser un adulto, tiene la capacidad de cambiar cualquier "idea" que le hayan infundido en la niñez. Usted posee el poder para cambiar la manera en que piensa, el modo que actúa, y la forma que reacciona. Como cristiano, necesitamos identificar claramente las ideas "envenenadas" que la sociedad ha impregnado en nuestra personalidad.

Cada día los medios de comunicación y de entretenimiento, insidiosamente, alimentan nuestras mentes con actitudes, comportamientos, e ideas negativas y anticristianas. Sin percibirlo, este clima inmoral, anti ético y ateo, sutilmente está influenciando nuestra conducta. En forma general y gradual, la iglesia cada día se asemeja más al mundo.

Cuando digo «en forma general», me refiero a lo que ocurre cuando las personas, no toman una decisión, sino que se dejan llevar por la corriente que los rodea. Esta situación se resume en las sabias palabras que un hombre dijo acerca del nazismo alemán: «Las cosas malas, ocurren porque los hombres buenos las permiten».

Los remolones del sofá (aquellos que pasan horas frente a una televisión sin pensar) están permitiendo que se les robe su derecho a escoger. En otras palabras, están siendo "conformados al mundo" en lugar de ser conformados a la imagen de Jesús, que es la única forma que podemos alcanzar el propósito de Dios, dándole así a la humanidad: el "inajenable" derecho de elegir.

¿Cuál fue el propósito principal de Dios al crear un ser con la libertad de escoger? Fue para que, como hijos maduros, podamos escoger amarlo. Si le amamos, haremos Su voluntad (oír y obedecer). No obstante, debido a que le fue dado al hombre el derecho a escoger, si la creación de Dios escoge mal, como lo hicieron Adán y Eva, entonces Dios estaba libre para hacer un camino de arrepentimiento y de restauración.

[Aparentemente, a los ángeles nunca se les dio el derecho de escoger, porque después que la tercera parte que escogió desobedecer, no hubo forma posible que fueran restaurados a su estado original]

Las trazos de su personalidad que necesita cambiar, no se logra de la noche a la mañana, así que no se desanime. Le llevó toda la vida asimilar los rasgos que forman parte de su personalidad. Por consiguiente, llevará tiempo hacer el reemplazo con aquello que es mejor, tomando las correctas decisiones diarias.

La Elección es Suya

Usted puede escoger ser tranquilo, o puede escoger ser activo.

Usted puede escoger confiar en Dios, o puede escoger el temor.

Usted puede escoger ser amigable, sin importar como lo traten, o puede escoger "distanciarse con resentimiento".

Usted puede escoger ser humilde y fácil de llevarse bien, o puede escoger ser terco y difícil de tratar.

Cualquiera de estas primeras opciones le llevarán al éxito, atraerán más amigos, y le permitirán ser una persona más agradable, uno más semejante a Jesús. ¡La decisión es suya!

La verdadera "búsqueda de la felicidad" se encuentra en el camino de las bienaventuranzas. (Mateo 5:3-9) Bienaventurados: los pobres en espíritu (sencillez de corazón), los que "lloran" (por la injusticia), los mansos (de un espíritu dócil y fácil de enseñar), los que tienen hambre y sed de ser más como Jesús, los misericordiosos (perdonadores y amables), los de corazón puro, y los mediadores o pacificadores. ¡Aquí tiene para escoger!

Sería una gran ayuda que tomara un cuaderno y un lápiz, y escribiera una lista de los rasgos de personalidad que debería y desea tener. Seguido, escriba una segunda lista de aquellos rasgos que usted sabe que tienen que cambiar.

Lea sus listas una vez por semana, y examine si ha mejorado. Su personalidad no es responsabilidad de nadie más que de usted.

La primeras siete bendiciones de Jesús denominadas como "las bienaventuranzas" son rasgos de personalidades que pueden ser alcanzadas únicamente, a través de nuestras decisiones diarias. Usted necesita decidir, si vale la pena ganar las pequeñas batallas con la gente – en otras palabras, "salirse con la suya" – o ganar la gran batalla sobre su verdadero enemigo, el diablo. ¡La decisión es suya!

Si usted empieza con el ideal correcto de cómo debe ser el hombre (semejante a Jesús), usted podrá escoger día a día hacer de estos ideales una realidad en su propia personalidad. Una verdadera personalidad "cristiana" tendrá sus raíces en las ideas enseñadas por Jesús, acerca del Padre, y las manifestará en su propia vida.

Una idea, sea buena o mala, está a la raíz de todos los sistemas políticos, educativos, filosóficos, médicos, económicos, científicos, y en toda religión.

Las ideas son un punto de partida para hacer que las cosas inexistentes, se hagan realidad. (Romanos 4:17). Sin ellas, nada se hace realidad. Salomón, el tercer rey del antiguo reino de Israel y sin duda el hombre mortal más sabio que haya vivido, escribió:

Sin profecía (visión: un ideal ó un sueño) **el pueblo se desenfrena (perece).**

Proverbios 29:18

¿Cómo podemos saber que Dios nos dio el inajenable derecho a escoger? ¿Cómo sabemos que el ideal es válido?

¿Cómo podemos saber que El no sólo nos dio este derecho, sino que nos mandó a emplearlo?

¿Cómo podemos saber que este derecho a escoger nos da un importante poder sobre nuestras vidas?

Primero, aprendamos exactamente que es un "derecho inajenable" y veamos si "la vida, la libertad y la búsqueda de la felicidad" son los derechos que Dios nos ha dado, y que jamás nos deben ser quitados. (la definición de inajenable).

---

[1] *Citado por el Dr. Matthew Skariah en Inspirational Nuggets, (Roswell, N.M.: World Prayer Band Ministries, Inc en asociación con Talking Leaf Publishers, 1993)*

[2] *Citado por Zig Ziglar en Top Performance, escrito con Jim Savage en 1986 y publicado con Secrets of Closing the Sale (1984). (New York: Galahad Books, BBS Publishing Corp., en participación con Fleming H Revell, una división de Baker Book House, 1997). Pag. 428.*

3
El Mayor Capital del Hombre

> *Tu eres el poseedor de un gran y maravilloso poder. Este poder cuando lo empleas da confianza en lugar de timidez, tranquilidad en lugar de confusión, serenidad en lugar de inquietud, y paz mental en su lugar de desazón.*
>
> J. Martín Kohe
> *Escritor y Motivador*

El diccionario define al derecho inajenable como "uno que no puede ser quitado o transferido".

Esta frase la encontramos en la historia Americana, no en la Biblia. La Declaración de la Independencia, escrita en el año 1776, señala que todos hemos sido investidos con ciertos «derechos inajenables» por el Creador, entre ellos la vida, la libertad, y la búsqueda de la felicidad.

Este fue uno de los puntos de partida más importantes de la historia. La idea que aún los ciudadanos comunes «el hombre de pueblo» poseía «derechos inajenables», en lo que a gobierno se refiere, era revolucionario. Las palabras y las acciones de los primeros fundadores y colonizadores, lo que más tarde constituyó los Estados Unidos, se combinaron para formar una flecha que traspasó el ojo de la tiranía por todo el mundo en los últimos dos siglos.

El derecho a «la vida, la libertad y la búsqueda de la felicidad» no fueron una realidad en la mayor parte de las sociedades desde que Adán y Eva fueron echados del huerto que estaba al oriente de Edén. (Génesis 3) Aún en los Estados Unidos, estos derechos no fueron extendidos a *todas* las clases y razas. Por otro lado, en los Estados Unidos, han sido los derechos de la mayoría.

Desafortunadamente, estos derechos a los que se les refiere como inajenables, hoy día, están siendo oscurecidos y confundidos. Desde la Segunda Guerra Mundial muchos nacidos en este país creen que tienen el derecho a la felicidad, en lugar del derecho a la busqueda de la felicidad. Todos tienen "derechos" en los cuales insisten que deben ser cumplidos, pero a la expensa de los derechos de los demás.

Al mismo tiempo, muchas de las frases que los padres de esta nación desearon que resonaran a través de la historia están desapareciendo. Por ejemplo:

- Los bebes que no han nacido, no tienen derecho a vivir porque su existencia entra en conflicto con el derecho que tiene la madre a vivir su vida libre de la responsabilidad hacia sus hijos. El movimiento que está en contra del aborto legal se llama "Right to Life" «Derecho a la Vida», y procura recordar a todos las palabras de la Constitución.
- Los cristianos no tienen el derecho de adorar a Dios libremente en cualquier lugar. Los derechos de las religiones seculares, que de antiguo fueron religiones paganas, predominan en la moderna sociedad americana.

Ideal Pero No Bíblico

De hecho, por mas ideal que pareciera, la frase citada por el primer Congreso no es un derecho bíblico. Después de la tragedia del Edén, Dios nunca le prometió al hombre «la vida, la libertad y la búsqueda de la felicidad» como un derecho inajenable, uno con el cual no pudiera vivir. Dios prometió estas cosas pero sólo bajo ciertas condiciones: oír y obedecer Su voluntad.

(Deuteronomio 28:1-14) Estos «derechos», no son en verdad los derechos de la humanidad, sino bendiciones que dependen de la obediencia y la fidelidad.

Tampoco son «inajenables» porque ciertamente pueden ser transferidos o quitados. ¡Estudie las consecuencias del pueblo de Dios en el Antiguo Testamento, los israelitas de Israel y Judá! (Vea Isaías, Jeremías, Ezequiel, y los Profetas Menores).

En mi estudio de la Biblia, no he podido encontrar que «la vida, la libertad, y la búsqueda de la felicidad» sean derechos investidos por Dios; no obstante, forman un ideal que los gobiernos de la tierra deben procurar en un mundo caído. Tampoco he encontrado que haya otros «ciertos derechos inajenables» investidos por el Creador.

Sin embargo, encuentro que Dios creó al hombre con un «derecho inajenable»; *el derecho a escoger*. Encontramos esto en Génesis capítulo tres, donde Dios el Creador le dio a Adán y a Eva el derecho a escoger obedecerle a El, o al enemigo el padre de mentira y de todo pecado.

> **Y vio la mujer que el árbol era bueno para comer, y que era agradable a los ojos, y árbol codiciable para alcanzar la sabiduría; y tomó** (escogió) **de su fruto, y comió; y dio también a su marido, el cual comió** (escogió) **así como ella.**
> *Génesis 3:6*

Cuando Dios descendió y se encontró con esta primer pareja, no los echó del huerto por escoger, sino por escoger *equivocadamente*, usando el verdadero derecho que les había dado *en contra de El*. Dios jamás ha transferido o quitado — ni quitará — a la humanidad el derecho inherente de escoger, que El ha implantado en nosotros. Este derecho inajenable forma parte de nuestro ser. Sin el derecho o la capacidad de escoger, no hubiésemos sido creados «a Su imagen». (Génesis 1:26)

En Su infinita gracia y misericordia, Dios hizo un camino para que la humanidad regresara a El, a pesar que Adán y Eva hicieron mal uso de esta capacidad. Todos los descendientes de la primera pareja pueden *escoger* volver a ser adoptados a Su familia, a través de Su Hijo Jesús y pasar la eternidad con el Creador, o escoger seguir al adversario y pasar la eternidad en el lago de fuego.

Dios le ha dado el *derecho a escoger*, y El respetará sus decisiones.

Quizá no le guste el hecho que Dios respete sus decisiones, porque las decisiones mal hechas siempre conllevan consecuencias. Con todo, Dios no tomará decisiones, ni buenas ni malas, por ningún ser humano – ni por Sus hijos que han nacido de nuevo. Escoger es nuestro derecho, y Dios no lo traspasará. Si lo hiciera, haría que todos acepten a Jesús y sean salvos. Sin embargo, Su voluntad es que ninguno se pierda. (2 Pedro 3:9).

Este derecho, cuando ejercitado, es una fuerza poderosa en la sociedad y en la vida de cada individuo. Por ejemplo:

- El resultado de la privación de ejercitar este derecho en el gobierno, resulta en una tiranía.

- El resultado de la privación de ejercitar este derecho en la educación pública, ha resultado en la ignorancia de Dios y la falsificación de la historia.

Desde el comienzo del Edén, aquel que engañó a nuestros primeros padres constantemente ha tratado de limitar, engañar, o destruir el único derecho inajenable del hombre. El les quita este derecho a las masas de gentes a través de los gobiernos totalitarios.

También engaña a las personas para que ejerzan su derecho a escoger a través de la decepción, adicciones a pecados carnales, circunstancias que impiden o paralizan las ideas de una persona, de tal manera que no puedan tomar las decisiones correctas.

¿Está Usted Libre Para Escoger?

¿Es usted uno de aquellos cuyos derechos han sido puestos bajo alguna clase de atadura?

Parte de la táctica de confusión que usa el enemigo ha sido oscurecer el derecho a escoger por una falsa definición, «libre voluntad». En realidad nadie tiene una «libre voluntad», porque existen límites físicos, civiles, y leyes sociales, o de consideración a los derechos de los demás que establecen perímetros a nuestra «voluntad».

Generalmente, las «cadenas» que atan a la voluntad son de una forma u otra de temor: temor al fracaso, temor a las opiniones de los demás, o el temor de empezar algo nuevo o diferente. «Libres para escoger» significa *libres para escoger dentro de ciertos límites.*

El clásico escritor Ruso, Leo Tolstoy, escribió:

> *Si la voluntad de cada hombre fuese (literalmente) libre, esto es, si cada hombre pudiera actuar como quisiera, la historia en su totalidad sería una serie de incidentes sin relación.* [2]

Como dice un reconocido maestro en la Iglesia: «¡no sea chiflado!» Use el sentido común. Ejercite su derecho a escoger en el lugar, tiempo y ocasión donde tenga el «derecho» para hacerlo. El único que posee «libre voluntad" es Dios. El puede trascender todas las leyes naturales y hacer lo que escoge.

¹*Kohe, J. Martín. Your Greatest Power, (Cleveland: Ralston Publishing Company, 1953), p.1*
² *Tolstoy, Anna Karenina, Epilogue, Pt. II, Ch, 8.*

4
Nadie Posee una «Libre Voluntad» Absoluta

> *Por lo tanto, la voluntad no es una facultad que uno puede llamar libre. Una libre voluntad es una expresión totalmente vacía de sentido.*
>
> *Voltaire*
> *Filósofo Francés*

El hombre no fue creado con una voluntad libre porque no puede ignorar las leyes naturales y espirituales, sin dañarse a si mismo y probablemente a los demás. Si escoge ignorar o pasar por alto estas leyes, le seguirán consecuencias desagradables y hasta trágicas.

Podemos cambiar nuestra apariencia eligiendo un nuevo peinado, teñido, vestimenta, etc… Sin embargo, por tener el derecho a escoger como nos vemos, no significa que podamos cambiar el color original de nuestro cabello, nuestra estatura natural, o el tipo de cuerpo que tengamos. (Mateo 6:27)

Podemos ejercitar nuestro derecho a elegir nuestro presidente, votando dentro de los parámetros legales. No poseemos una «libre voluntad» para destituir a la autoridad de la Casa Blanca y apoderarnos de la presidencia. Esto sería un uso incorrecto – dictatorial y anárquico – del derecho a escoger que Dios no ha dado. Los preceptos Bíblicos nos dicen que debemos obedecer a las autoridades terrenales.

Otro ejemplo, es que el hombre no posee una «libre voluntad» como para ignorar la ley de la gravedad. Además, es imposible que el hombre pase por alto la materia para atravesar paredes o alterar su cuerpo.

Pocas personas intentan desobedecer las leyes naturales, aunque muchos desobedecen las espirituales, ignorando que esto es tan peligroso como ignorar la ley de la gravedad. Ignorar las leyes de Dios es el fruto de la ignorancia, el orgullo, o la jactancia. Aquellos que así hacen se encontrarán en el camino que conduce a la tragedia.

Las consecuencias de la erosión gradual de esta nación, en referencia a las leyes morales de Dios, es que «los Estados Unidos de América tiene la particularidad de ser la nación "civilizada" más violenta de la historia».2 William J. Bennett, el ex Secretario de Educación de los Estados Unidos, dice que esto se debe a una «pobreza moral».

Por no conocer el poder del derecho de escoger, la mayoría de la gente transforma un capital en un riesgo al *tomar decisiones equivocadas* o por no tomarlas. En verdad, no creen que pueden cambiar las cosas que le rodean.

Claro que uno no puede elegir a sus padres, pero de ahí en adelante su vida será moldeada por las decisiones que tome.

Quizá usted diga: "si, pero yo no pude escoger el lugar donde vivimos o el estilo de vida que vivió mi familia"

No, pero usted escogió en *la forma* que reaccionó a sus padres, sus hermanos, hermanas, maestras, pastores y a sus circunstancias.

Usted es quien escoge o no, encontrar un camino para hacer lo que es mejor, o para vivir diferente a su niñez.

Usted es quien decide juzgar o no, a sus padres, mentores, y a usted mismo. (Mateo 7:1,2) Dios jamás le dio al hombre el «derecho» de juzgar a los demás. (Utilizando su derecho de escoger negativamente en juicio contra el pecado ajeno. Esto «atará» el comportamiento que está juzgando para que usted tenga la aptitud de cometer el mismo hecho en su vida.)

Usted es quien elige perdonar o odiar, vivir en amor o en resentimiento. (Mateo 22:37-39; Hebreos 12:15)

Usted es quien elige vivir en derrota y en auto-lástima, o decide hacer algo de su vida.

Usted es quien escoge aceptar las palabras que lo marcaron de "tonto" o "inservible", o creer que posee el potencial y las posibilidades para alcanzar lo que usted determine, para luego darse cuenta, al transcurrir los años, cuales fueron sus oportunidades.

Su vida actual es el resultado de todas las decisiones de su pasado. Al considerar su vida presente, ¿puede entender el poder de su derecho inajenable de elegir? La suma total de su vida actual está en relación a como usted ejerció este derecho.

Quizá sea este el tiempo de hacer cuentas, tomar un inventario, considerar todas las ocasiones que usted ejerció ese derecho, y contemplar cual fue el resultado.

¿Ha utilizado una herramienta poderosa para edificar una vida debilitada?

¿Ha tornado su capital en un riesgo?

¿Ha ignorado el poder que existe en sus elecciones?

Todas estas cosas pueden cambiar una vez que usted entienda la realidad del maravilloso derecho que Dios le ha entregado. Posiblemente ahora no pueda cambiar algunas de las consecuencias de sus decisiones pasadas, como una prisión o un matrimonio infeliz. No obstante, usted puede buscar a Dios para aprender acerca de las nuevas decisiones que puede tomar para mejorar las cosas y cambiar su vida.

Nunca es Tarde Cuando la Dicha es Grande

¡Usted tiene el *derecho* de cambiar su vida! Para mi, esto es emocionante. Usted puede cambiar una situación infeliz en más feliz cuando ejercita su derecho a escoger su propia actitud. Por ejemplo, para que un matrimonio marche bien, cada parte debe ceder «ciertos derechos» - aquellas cosas personales que pensamos que el otro nos debe – y escoger hacer al otro feliz.

Un joven ministro, predicó recientemente un número de mensajes acerca de cómo nuestras decisiones afectan nuestra vida. Un día, dos mujeres de su congregación llegaron a la clase bíblica con una actitud resuelta que reflejaba en sus ojos.

Cuando les preguntó que les pasaba, una de ellas dijo: «¡No queremos volver a escuchar la palabra de la letra "E"!

"¿Cómo?" - les preguntó.

Esta mujer con sus manos a los costados de su cintura, le dijo: «¡No queremos volver a escuchar la palabra de la letra "E". Usted ya sabe... *elecciones*! Estamos cansadas de escucharla.»

Se rió – de lo cual ellas no se unieron a el. Entonces les dijo: «Lo siento, pero no puedo predicar sin utilizar esa palabra. No puedo enseñarles nada de la Biblia o de la vida espiritual sin hacer mención a la palabra "E".

Creo que muchos de nosotros tendríamos hoy una mejor salud mental y emocional si hubiésemos oído acerca de la importancia de la palabra "E" repetidamente cuando éramos muy pequeños.

Si usted recién comienza a entender la importancia de las elecciones y el poder que tienen para cambiar su vida, usted está listo para emprender un nuevo comienzo. Usted podrá:

- Cambiar la pobreza en prosperidad.
- Cambiar el fracaso en éxito.
- Cambiar el temor en seguridad.
- Cambiar el aburrimiento de la existencia en una aventura emocionante.
- Cambiar la depresión en paz mental.

Quizá aun no haya entendido que su mayor capital es simplemente el derecho a elegir. La falta de conocimiento en cualquier razón puede ser una buena excusa para las tragedias, el dolor, y el sufrimiento, pero jamás le permitirá escaparse de las consecuencias.

La ignorancia, nunca será la condición ideal en la cual vivir. Espero que el material en este libro le dé el entendimiento necesario para disipar la ignorancia.

---

[1] *Voltaire, Francois M. Philosophical Dictionary (1764).*
[2] *Bennett, William J., Dilulio, John J. Jr., and Walters, John P. Body Count, (Nueva York: Simón & Schuster, 1996), p.13.*

5
La Ignorancia No es Felicidad

La ignorancia no es inocencia sino pecado [1]

–Robert Browning
Poeta Británico (1812-1889)

Muchos de los antiguos dichos y adagios contienen algo de sabiduría. Sin embargo, el dicho «La ignorancia es felicidad», es una mentira del diablo. Dios dijo que Su pueblo pereció por falta de conocimiento (Oseas 4:6). Los primeros escritores Judíos de sabiduría instruyeron a los lectores de Eclesiastés a no ser ignorantes:

En nada seáis ignorantes, ni en cuestiones grandes ni pequeñas. [2]

Muchas personas – aún cristianas – han sido y están siendo destruidas por no conocer el inajenable derecho que Dios les ha dado.

Este derecho no puede ser ejercitado, este poder no puede ser liberado en usted, si no entiende que existe.

La ignorancia no es felicidad, sino un peligro inminente que conduce a la muerte de una u otra manera. Mucha gente en teoría sabe que puede tomar decisiones pero no han entendido los quilates del diamante, por así decir, del tesoro que viene de Dios. Por tanto, no valoran este derecho inajenable.

Muchos de nosotros somos como el granjero todo-fácil quien cuando encontró diamantes se obsesionó con las riquezas que podían ser extraídas de ellos. La historia dice que dejó a sus hijos, a su esposa, y salio por el mundo en búsqueda de diamantes.

Transcurrieron años, y después que haber gastado todo su dinero, despertó a la realidad que había escogido cambiar la felicidad y la prosperidad por la ilusión del «tesoro al pie del arco iris». Supuestamente murió en pobreza a las orillas de la Bahía de Barcelona.

Mientras tanto, el hombre que compró el campo de Ali Hafed encontró un piedra en el arroyo donde Hafed solía llevar su ganado a beber. Esta piedra de aspecto irregular era un diamante. Al poco tiempo encontró más diamantes, y se creó la reconocida mina de diamantes *Golconda* en el sur-centro de India.

Al menos esto fue lo que aconteció de acuerdo a un guía árabe quien contó esta historia a Russell Conwell, un reconocido predicador/autor, en su viaje a Persia a principios de 1900. [3]

Sea que esta historia sea verídica o no, bien podemos relacionarla con la naturaleza humana y con la historia de la humanidad. Su significado yace en el hecho que millones de personas a través de los siglos han empeñado sus vidas anhelando – y aún buscando – la «gramilla más verde» al otro lado del cerco. Mientras que pasan por alto las verdaderas riquezas en el jardín de su hogar.

¿Está Usted Desaprovechando un Tesoro?

Particularmente, muchos cristianos pasan por alto «el verdadero diamante» de su derecho inajenable de elegir. En cambio, derrochan sus vidas en la vana búsqueda de la felicidad y la prosperidad. Toman decisiones, claro, pero desperdician su herencia así como el hijo pródigo de la Escritura (Lucas 15:11-31). Por las decisiones que toman, anulan el poder de sus ideas.

Si usted empieza a considerar su derecho inajenable como lo más poderoso en su vida, aprenderá como usarlo correctamente. Como cristiano, haber ejercitado este derecho le dio lo más precioso: ¡Cristo en usted, esperanza de gloria! (Colosenses 1:27)

La cosa más fascinante acerca de la misericordia y el plan de Dios para la humanidad, es que *aún aquellos que no son Sus hijos nacidos por el Espíritu* también poseen este derecho. No importa si usted es rico, pobre, listo o no tan listo, hombre o mujer, blanco o de color – usted nació en el mundo con este derecho.

Más allá de sus creencias religiosas, usted posee el derecho inajenable a escoger.

Indiferentemente a su género, profesión, posición social, o nivel intelectual, usted posee este derecho.

¿Derrochará usted este tesoro de Dios sólo escogiendo el color del automóvil que va a comprar, el estilo de su vestimenta, con quién se casará y dónde vivirá? Todas estas cosas tendrán su lugar si usted ejercita sus elecciones, en el orden apropiado para llevar a cabo sus ideas y sus sueños.

Obviamente, no todo lo que le ocurra es un resultado directo de sus elecciones personales. Un famoso poeta escribió: «ningún hombre es una isla».[4] Usted es afectado por las agencias gubernamentales y las autoridades locales, estatales y federales, por los banqueros, abogados y doctores. Sin embargo, muchas veces una mala dirección resulta en consecuencias a nuestra decisión personal.

Una joven pareja decidió escalar una montaña cubierta de nieve en el oeste de los Estados Unidos a pesar de las advertencias y las «premoniciones» (obviamente advertencias de Dios). Y cuando se metieron en el problema, y parecía como que iban a morir sobre la montaña, ¿acierte cual fue su primera oración?

No fue: «Señor, perdónanos por tomar la decisión equivocada, por ir en contra del consejo de gente entendida en esta cuestión y aún en contra de Tus advertencias, ¡te rogamos que nos ayudes a salir de este lugar!

Sino ésta: «¿Señor, por qué permitiste que esto nos pase? ¿Por qué nos haces esto?

¡Qué alivio saber que Dios es amor, y que tiene paciencia con Sus hijos! Llegó ayuda y la pareja fue rescatada, aparentemente sin admitir lo equivocados que estaban, y a pesar de lo irreverente que había sido su oración.

Sufrieron un gran peligro como consecuencia de sus elecciones, tan poderosas para caer en el mal o alcanzar el bien. Dios «permitió» que eso les pasara porque El respeta nuestras decisiones, y no se interpone al «derecho inajenable» que voluntariamente y soberanamente dio a la humanidad en la Creación.

Tan ilógico como parezca, hay millones de personas tan ignorantes de lo espiritual que culpan a Dios por las consecuencias de sus propias elecciones.

¿Será Todo la Voluntad de Dios?

También algunas doctrinas teológicas dicen que Dios causa todas las cosas que ocurren, por tanto – hasta las atrocidades de Hitler – pase lo que pase es Su voluntad. Estas personas creen en la soberanía y en el poder absoluto de Dios, pero no han entendido que El se limitó voluntariamente a sí mismo en un área: el derecho a escoger que tiene el hombre.

Todas las cosas que no son la voluntad de Dios son el resultado de algún ser humano (o seres humanos) ejerciendo el derecho inajenable de elegir en contra de Dios y Sus caminos. Sin embargo, al final, el destino de la humanidad y del universo se alinearán con la voluntad de Dios. Todo lo que no está alineado con Su voluntad será destruido, y todo aquel que no esté en acuerdo con El será confinado a prisión eterna (Apocalipsis 20:10-15).

Si la voluntad de Dios hubiera sido cumplida totalmente, en lugar de haber sido reservada *por el Señor* para que Sus hijos escojan a quien quieren servir y obedecer *voluntariamente*, Jesús no les hubiera enseñado a Sus discípulos a orar «el Padre Nuestro» (Mateo 6:9-13).

¿Por qué habría dicho que oremos «Hágase tu voluntad, como en el cielo, así también en la tierra», si en la tierra ya estaba siendo cumplida? Si fuésemos títeres, por así decir, la voluntad de Dios estaría siendo hecha en la tierra, así también como en el cielo. No obstante, nos fue dado el derecho a escoger porque Dios no quería títeres, sino hijos que sean copartícipes con El.

Cuando ocurran las desgracias, algunos dirán que fue la «voluntad de Dios». Mas en verdad, ¿será cierto? ¿No será la «voluntad» de alguna persona que trajo como resultado esas consecuencias? Usted no puede cambiar las decisiones de los demás. Sin embargo, usted puede cambiar su futuro haciendo hoy las decisiones que revertirán o anularán las malas decisiones que realizó en su pasado.

Después que aceptó a Jesús convirtiéndose en una «nueva criatura» en El (2 Corintios 5:17), para comenzar el proceso de ejercitar su derecho que cambiará su vida debe *conformar su personalidad a la imagen de Jesús.*

¿Cómo se logra? Primero, necesita aprender de la Biblia cómo era Jesús, y luego determinarse (escoger) abandonar su vieja forma de pensar y actuar (la naturaleza viciada heredada de Adán después de la caída). Segundo, ejercite su derecho a escoger en formas que desarrollen en usted una nueva personalidad, o como lo escribió el Apóstol Pablo:

En cuanto a la pasada manera de vivir, despojaos del viejo hombre, que está viciado conforme a los deseos engañosos, y renovaos en el espíritu de vuestra mente, y vestíos del nuevo hombre, creado según Dios en la justicia y santidad de la verdad.
Efesios 4:22-24

Su espíritu renacido es un don de Dios, usted no puede ganarse la salvación con obras – sino aceptando a Jesús por la fe (Juan 3:3-8,36). Usted es salvo *por la gracia de Dios* (favor inmerecido) *a través de la fe.* (Efesios 2:8).

Sin embargo, su alma o personalidad (mente, voluntad y emociones) son mayormente el producto de sus decisiones del pasado. Dios no se interpone a su derecho inajenable de escoger soberanamente transformándolo en una personalidad diferente; sino que usted es quien debe escoger abandonar o «despojarse» de aquellas cosas que no reflejan la imagen de Jesús.

Asemejarnos a Jesús es la meta puesta delante nuestro en la Biblia, y para alcanzarla, debe escoger parecerse a El en conducta, palabra y hechos.

Hasta que todos lleguemos a la unidad de la fe y del conocimiento del Hijo de Dios, a un varón perfecto, a la medida de la estatura de la plenitud de Cristo. . .crezcamos en todo en aquel que es la cabeza, esto es, Cristo.
Efesios 4:14-15

Porque aquellos que piensan que «son así» porque alguien los influenció, por las circunstancias de su niñez, por el medio ambiente en que viven, hay una salida, una puerta de esperanza. Si quiere un ejemplo de alguien que utilizó su derecho de escoger para transformar su personalidad, lea la vida del prócer americano Benjamín Franklin.

---

[1] *Browning, Robert, "The Inn Album," The Oxford Dictionary of Quotations, (Oxford, England: Oxford University Press, 3rd Ed. With corrections, 1980; first published 1941), p. 101:17*
[2] *"Ecclesiasticus" (o "The Wisdom of Sirach"), 5:15, The Apocrypha, ed, by Edgar J. Goodspeed, (New York: Vintage Books, copyright 1938 by Goodspeed, 1959 by Random House), p. 233*
[3] *Conwell, Russell H. Acres of Diamonds, (Old Tappan, N.J.: Fleming H Revell, 1975)*
[4] *Donne, John, "Meditation XVII, "The Oxford Dictionary of Quotations," p. 190:20.*

6
Alguien Que Cambió Su Personalidad

> ...El coliseo donde nuestra batalla cultural será finalmente ganada o perdida será dentro del corazón humano... . la regeneración social depende de la forma en que cada ciudadano se comporta. . . .personas que reflejen un carácter básico y modesto... aquel que los fundadores de esta nación entendieron ser la dulce ancla de una república libre.[1]
>
> –William J. Bennett
> Ex Secretario de Educación

Benjamín Franklin cambió su personalidad, un hombre rústico quien constantemente se entremetía en discusiones y contiendas, es uno reconocido por su sabiduría. Tomó como «máxima» o como estándar de transformación, una que recomendaría a todos para pensar y meditar cada mañana: [2]

> **Por lo demás, hermanos, todo lo que es verdadero, todo lo honesto** (noble)**, todo lo justo, todo lo puro, todo lo amable, todo lo que es de buen nombre; si hay virtud alguna, si algo digno de alabanza, en esto pensad** (meditad)**.**
>
> *Filipenses 4:8*

La clave a los esfuerzos de Franklin es la misma que usted necesita: *El entendió que su personalidad necesitaba cambiar.* Si usted piensa que está «muy bien» así como está, no hará ningún esfuerzo por cambiar. Me pregunto, ¿cuánta gente piensa que posee una gran personalidad y que los demás son el problema? Si usted es uno de estos, no tiene sentido que siga leyendo este libro.

Este libro no es para decir: ¡"Ya sé a quien le voy a dar este libro"! Este mensaje es para todos los lectores. ¿Cómo sé yo que todos los lectores necesitan cambiar su personalidad? Lo sé, *porque todos lo sabemos.*

Franklin decidió que el quería vencer el desvío de «todo lo que la inclinación natural, la costumbre o las compañías (presión de los grupos) querían ejercer sobre el». [3] No se estaba refiriendo a los pecados de la carne, sino a los rasgos de carácter, tales como:

- No hablar demasiado.
- Economizar.
- Ser sincero.
- Guardar su palabra.
- Ser diligente en cumplir los deberes y las responsabilidad que uno tiene.
- Mantener una actitud calma y pacífica.
- Evitar los extremos.
- No guardar rencor sino perdonar las cosas que los demás le hacen.

Esta es la forma en que Benjamín Franklin guardaba registro de sus elecciones en lo que a estas cosas se refiere:

> *Hice un pequeño libro, en el cual designé un hoja para cada una de las virtudes. Tracé cada página con. . . . siete columnas, una para cada día de la semana, marcando cada columna con una letra para señalar el día. Crucé estas columnas con trece líneas rojas, marcando el comienzo de cada línea con la primera letra de una de las virtudes; para que sobre ésta línea, y en su columna respectiva, al examinarme, pueda marcar un punto negro por cada falla que cometía durante el día en referencia a esa virtud.* [4]

Por otra parte Franklin tenía otro consejo más que agregar para sus amigos. Este era que no trataran de cambiar todo de una vez. Les sugería que hicieran como hizo el: tomar una cosa a la vez y tomar las decisiones necesarias, diariamente, para transformar los rasgos negativos en positivos, y luego empezar con el siguiente rasgo que necesita cambiar.

Casualmente, Franklin halló que estos cambios no pueden ser efectuados sólo por la voluntad, aunque determinar la voluntad es el segundo paso (después de reconocer la necesidad de cambiar). Las decisiones correctas deben realizarse de continuo, esto requiere de paciencia y diligencia acompañadas con una firme voluntad. Todo esto debe ser efectuado con la ayuda del Espíritu Santo. Franklin escribió:

> Siendo Dios la fuente de toda sabiduría, pensé que sería justo y necesario que solicitara Su ayuda para obtenerla. . . .[5]

Sugiero el siguiente patrón: Examine lo que necesita cambiar, determínese, ore y encomiende el resultado a Dios y luego comience a realizar las decisiones diarias – una a la vez. El Espíritu Santo se verá muy feliz en ayudarle porque usted estará en acuerdo con Su obra en la tierra: de llevarnos **a la medida de la estatura de la plenitud de Cristo** (Efesios 4:13).

Aquellos que se embarcan en esta gran aventura de rehacer sus personalidades, usualmente están de acuerdo con Franklin quien poco después de empezar sus esfuerzos escribió:

> Me sorprendí al encontrarme más lleno de fallas de lo que me podía imaginar; pero tuve también la satisfacción de verlas disiparse. . . .Sería bueno que mi posteridad sepa que por (este plan de cambiar mi personalidad por elección), y con la bendición de Dios, su ancestro vivió una vida feliz hasta sus setenta y nueve años, el año en que esta memoria se escribió (Vivió hasta los 84).

El Rasgo Mas Difícil de Cambiar

Franklin aprendió que aunque tuvo éxito en cambiar algunos aspectos de su personalidad, había uno que era el que más problemas le daba. Este rasgo negativo era *la altivez*, uno que Dios aborrece (Proverbios 6:16-17) y que la mayoría de nosotros debemos tratar de una manera u otra. El escribió:

> *En realidad, quizá, no haya nada en nuestras pasiones naturales mas difícil de subyugar que la altivez. Disfrácela, luche con ella, ahóguela, mortifíquela tanto como pueda, pero continúa viva y cada tanto sobresaldrá y se hará ver. . . . Y aunque pudiera imaginar que la he vencido por completo, me sentiría orgulloso de mi humildad.* [7]

La altivez es muy difícil de erradicar porque no es sólo un rasgo, sino la «raíz» de un árbol de rasgos. Posiblemente le ayude saber que hay dos raíces negativas para los rasgos: el orgullo y el temor. El resto de nuestras características negativas, en su mayoría, son frutos o ramas que nacen de uno de estos «árboles».

El orgullo o la altivez da como fruto la superioridad, la arrogancia, la rebelión o el rechazo a sujetarse a la autoridad, la insolencia, la rudeza, tomar ofensa fácilmente, y aún la independencia en algunas formas. Lo opuesto a la altivez es la *humildad*. ¿Qué es la humildad? David Wilkerson, fundador de «Teen Challenge» y pastor de «New York Times Square Church», dice:

> *La humildad es la absoluta dependencia de Dios. Es confiar en Dios para hacer lo correcto en el tiempo correcto, y en la forma correcta. . . .El orgullo y la altivez no son pacientes. . . .El orgullo y la altivez están en primer lugar en la lista de las cosas que Dios aborrece.* [8]

El temor lleva los rasgos de la timidez y la inferioridad, así como el pánico y el terror o diferentes formas de fobia. Un complejo de inferioridad no es otra cosa que temor al hombre. Lo opuesto al temor es confianza.

El fallecido autor cristiano británico, C.S. Lewis, escribió:

Alguien Quien Cambió
Su Personalidad

> ...*La maldad se manifiesta mas en el deseo de ser aceptado por las multitudes, que por las duras tentaciones del pecado.* [9]

Examine sus decisiones, sean correctas o equivocadas, porque en la «lista» de Ben Franklin es una cosa, pero seguro que usted se está preguntando como va a comenzar a tomar las decisiones. La respuesta es sencilla, aunque muchas veces difícil de admitir: *Tome responsabilidad personal.*

---

[1] *Bennett, et al Body Count, p 207*
[2] *Franklin, Benjamín. The Autobiography of Benjamín Franklin, Worlds Greatest Literature, Vol. 3, (Reading, PA: The Spencer Press, 1936) p. 102*
[3] *Ibid, p. 103*
[4] *Ibid, p. 106*
[5] *Ibid, p. 108*
[6] *Ibid, p. 112*
[7] *Ibid, p. 116*
[8] *Wilkerson, David. «The Awful Sin of Pride», Message delivered at Times Square Church, 2-8-1988, available from World Challenge, P.O. Box 260, Lindale, TX 75711.*
[9] *Lewis, C.S. The Inner Ring*

7
Acepte la Responsabilidad Personal

Su pasado es importante, pero no tan importante en su presente en relación a la forma que mira su futuro.

–Dr. Tony Campolo
Autor y Maestro

Muchos libros han sido escritos, particularmente en las últimas dos décadas, haciendo hincapié en la *auto* ayuda: auto-estima, auto-afirmación, (auto, auto, auto) todo centrado en uno mismo. No hay duda que la personalidad individual es muy importante y que la personalidad es la expresión de uno mismo. No obstante, el perfeccionamiento de *uno mismo* de acuerdo al mundo actual, es que el hombre es su propio dios. Esto está lejos de *ser conformado a la imagen de Jesús.*

El movimiento de la nueva era ha cristalizado el enfoque en sí mismo al principio de los años 60, y, combinado con la psicología moderna, se ha desarrollado en una religión centrada alrededor del medio ambiente. La «propaganda» de la nueva era está siendo diseminada por toda nuestra cultura de hoy, enseñando que el hombre es el animal más alto en la cadena de la evolución. Creen que todos los problemas de la humanidad vienen como resultado de una herencia Judía-Cristiana de nuestros ancestros.

La psicología moderna dice que nuestros padres han sido los causantes de todos nuestros problemas de personalidad, y que a la vez, los padres de ellos causaron los suyos, y así continúa la cadena hasta que llega a la cristiandad. En realidad lo único que están haciendo es «transferir la culpa».

Acepte la Responsabilidad Personal

> *El movimiento de la nueva era magnifica el «yo», y encamina a sus seguidores a adoptar la adoración de sí mismo, aparte de adorar al Creador. Esta. . . . combinación de religiones orientales y psicología occidental. . . .pone al «yo» en un pedestal. Desde el principio de los tiempos, el hombre se ha rebelado contra la adoración de Dios, y ha creado varias imágenes para adorar y sentirse bien.* [2]

De hecho, la exaltación del hombre para «endiosarlo» y la excusa de culpar a otros por las decisiones de uno mismo comenzó en el huerto de Edén. Satanás tentó a Adán y a Eva con la idea de que serían como Dios, y cuando las consecuencias de sus elecciones comenzaron a controlar sus destinos, tanto Adán como Eva empezaron a «transferir la culpa». Adán la culpó a ella, y ella culpó al diablo. Lo que originó el mundo caído, en el cual hoy vivimos, fue el producto de *las decisiones de Adán y Eva*.

Ellos no estaban obligados a creerle a Satanás ni elegir sus caminos. No hubo fuerza implicada. El diablo sólo les ofreció una *idea* que los destruyó, y desde entonces, afectó a todos los que viven sobre la tierra. La pobreza, la enfermedad, el pecado, la maldad, y la muerte fueron las *consecuencias* de sus elecciones.

Aunque habitamos en un mundo que refleja las consecuencias de las elecciones de Adán y Eva, no podemos culpar nuestros *problemas* por las decisiones que ellos hicieron. Todos tendremos que dar cuenta ante Dios por nuestras decisiones personales, tal como Adán y Eva tuvieron que asumir responsabilidad por las suyas.

El orador-motivador y autor Zig Ziglar escribió:

> *Si usted tiene la personalidad que tiene debido a la culpa de otro, esto es lo que puede hacer. Lleve a la persona responsable por el carácter que usted tiene al psicólogo, el psicólogo le aplicará la terapia correspondiente, ¡y usted se*

sentirá mejor! ¡Qué idea alocada¡ ¿no? Si usted se quiebra un brazo, no va a enviar...al que lo empujó (al doctor). Usted mismo irá. ³

Culpar a otro es una pérdida de tiempo. Aproveche su tiempo y su energía para solucionar el problema. Escoja cambiar las cosas negativas en su vida, comenzando con su personalidad; este no es un proyecto fácil, pero el éxito de «la vida, la libertad y la búsqueda de la felicidad» dependerá de la personalidad que usted posea.

Cómo cambiar los Rasgos Negativos

Si quiere cambiar cualquier rasgo, *escoja hacer lo opuesto* a lo que tiene tendencia a hacer en el presente. Por ejemplo:

- Si usted le molesta que le digan lo que tiene que hacer (que a veces se denomina como «carácter inflexible»), propóngase hacer todo lo que le pidan – a no ser que sea dañarse a sí mismo o a los demás en contra de los principios bíblicos.
- Si el rasgo de su personalidad que necesita cambiar es el orgullo ocultándose como independencia, resuélvase aceptar cualquier cosa o ayuda que se le ofrezca. Hasta posiblemente tenga que solicitar ayuda para quebrar con ese rasgo.

¿Alguna vez rehusó ayudar a alguien por orgullo, y luego preguntarse porque Dios no responde su oración? Dios no bendice a los altivos con bienes, amigos, ni nada. Porque esta persona en lugar de estar agradecida, se ofendería.

¿Cómo supo Franklin que era altivo? ¡Se enteró porque un amigo quien trataba de cambiar su personalidad se lo dijo! Un verdadero amigo es aquel que le dirá la verdad acerca de usted mismo en amor. Si usted no puede reconocer lo que necesita cambiar de su personalidad, espero que tenga un verdadero amigo en quién pueda usted confiar.

> *Un amigo cuáquero...amablemente me hizo saber que por lo general mis pensamientos eran altivos, y que me orgullo se notaba comúnmente en mis palabras, que era... insoportable además de ser bastante insolente, y que aún teniendo la razón no me contentaba cualquiera que fuere el asunto en cuestión.* [4]

A pesar de sus rudas palabras que indicaban que no había podido superar su altivez, Franklin diligentemente intentó conquistar este rasgo escogiendo hacer lo opuesto, y tuvo un cierto grado de éxito:

> *Me impuse como regla soportar toda contradicción directa a los sentimientos de los demás, y a toda aseveración que pudiera yo tener. Hasta me prohibí...el uso de toda palabra o expresión que implicara mi opinión inamovible... Cuando otro afirmaba algo que yo pensaba como erróneo, me negaba a mí mismo el placer de contradecirlo abruptamente...(en cambio) Comenzaba dando mi respuesta observando que en ciertos casos...su opinión sería la correcta, pero que en este caso, me parece o por lo menos aparenta haber algunas diferencias.* [5]

Este prócer reverenciado escribió que poco tiempo después, aprendió que sus conversaciones eran más placenteras y que su nuevo enfoque modesto, hizo que las personas estuvieran más dispuestas a escuchar sus opiniones. ¡Además notó que cuando estaba equivocado, no quedaba tan avergonzado! Al mismo tiempo, su actitud humilde hacía más fácil persuadir a otros de su error cuando *tenía* razón.

Pronto entendió que sus relaciones habían mejorado grandemente. ¿Por qué? Porque había ejercitado su derecho a escoger hacer una verdadera diferencia en su personalidad. Escogió hablar y actuar con humildad.

Si usted se responsabiliza por su personalidad, y toma la decisión de cambiar las cosas que necesitan cambiar, le prometo que eso cambiará su destino.

---

[1] *Citado en Zig Ziglar Top Performance p. 431*
[2] *Skariah, p. 69*
[3] *Ziglar, Top Performance, pp. 430,431*
[4] *Franklin p 114*
[5] *Ibid p 115*

8
Como Escoger Su Destino

Muchas personas eluden tomar la decisión de calidad que cambiará sus vidas, porque en realidad piensan que no tienen elección. Estoy aquí para decirle que usted tiene una elección

> Jim Stovall
> Co-fundador, Presidente
> Narrative Televisión
> Network

¿Qué es el destino? El diccionario nos da tres definiciones:

El suceso inevitable aparente o necesario de eventos, 2) Lo que le ocurrirá a una persona o cosa (la suerte), 3) Aquello que determina eventos. . . . [2]

Estas son todas definiciones del hombre y comúnmente se interpreta como que alguna causa sobrenatural o que algún ser controla todo lo que nos ocurre. No obstante, la tercera definición es la más cercana a los términos bíblicos: *aquello que determina eventos.*

Dios creó todo perfecto. (Génesis 1:31) Para poder tener hijos que escogieran amarle y ser como El, como vimos en los capítulos anteriores por la Escritura, Dios dejó lugar a las elecciones del hombre para que entrara la imperfección en el universo. Por tanto, «aquello que determinó los eventos de hoy» en su vida incluyen estas cinco elecciones:

1. Las elecciones de Adán y Eva
2. Las decisiones colectivas de todos los que han vivido

3. Las decisiones de sus ancestros directos y de sus padres.
4. Las decisiones de las autoridades que están sobre usted, incluyendo maestras, jefes y gobiernos, etc…
5. Las decisiones hechas por usted en su tiempo de vida.

Obviamente, usted nada puede hacer con las primeras cuatro decisiones. Sin embargo, dentro de las condiciones en que usted vive determinadas por las primeras cuatro elecciones, hay una gran latitud a su favor para afectar y dar dirección grandemente a su destino.

Observemos un ejemplo hipotético:

Supongamos que usted es un hombre negro cuyos ancestros fueron traídos a este país como esclavos o un hombre blanco cuyos ancestros fueron traídos a este país como sirvientes. Supongamos que sus padres fueran sureños campesinos y pobres. Ninguna de estas cosas fueron así por su elección y tampoco pueden ser cambiadas. Sin embargo, su destino personal sigue siendo suyo para elegir.

¿Está obligado a permanecer como un pobre campesino? No.

En la escuela pública, ¿escogió usted aprender o seguir la corriente con los demás?

¿Escogió usted obtener una mayor educación abriéndose camino, trabajando, o con becas?

¿Ha hecho un esfuerzo por aprender cuales son sus habilidades?

¿Ha buscado al Señor para que le de una idea o un sueño para su vida?

¿Ha reformado o va a reformar su personalidad, cambiar sus actitudes erróneas, sus hábitos, su comportamiento, y afirmar su voluntad para alcanzar el destino más alto posible?

Si usted es alguien que necesita aliento, que necesita ser fortalecido en su creencia que las cosas pueden ser diferentes, que usted puede hacer cualquier cosa que se proponga, entonces pase tiempo estudiando la vida de los líderes en todos los campos. Esto fue lo que yo hice. En mis otros libros, he presentado historias sobre líderes cuyas vidas me han impresionado por su paciencia, diligencia y determinación para alcanzar el éxito.[3]

Algunos que comenzaron en la pobreza o en circunstancias desfavorables son Benjamín Franklin, Abraham Lincoln, George Washington Carver, inventores como Thomas Edison y aún el Presidente Clinton. Sea que usted concuerde o no con su política, su vida es un ejemplo de alguien que soñó un sueño desde joven en convertirse en el Presidente de los Estados Unidos. Afirmando su voluntad y tomando las decisiones necesarias alcanzó ese destino.

Una oración hecha por un santo católico, San Francisco de Asís, puede ser resumida así: cambia las cosas que puedes cambiar, y deja que Dios se haga cargo de aquello que tu no puedes cambiar.

Escoja Creer, Depende de Usted

Una vez leí una historia acerca de un hombre que durante la depresión se preguntaba por que la carnicería cercana a el estaba en aprietos, mientras que otra cercana estaba por cerrar. En los tiempos anteriores a los supermercados, la gente compraba la carne en un lugar, los vegetales en otro, y los productos lácteos se compraban a los camiones o vehículos de reparto.

Este hombre se preguntaba: «¿Por qué la gente le compra a un carnicero y al otro no? ¿Será que uno tiene mejor carne que otro?» [4]

El compraba de los dos negocios y encontró que el clima económico era el mismo, los negocios eran similares, el producto era el mismo, y los clientes eran los mismos. ¿Cuál fue el factor que marcó la diferencia entre el éxito y el fracaso?

Después de visitar ambos negocios para comprar carne, este hombre entendió por qué un comerciante estaba haciendo dinero en medio de tiempos difíciles, mientras que parecía que el «Tiempo Difícil» fue a vivir al otro local. La diferencia estaba en las elecciones que ambos carniceros hicieron en referencia a su actitud con los tiempos difíciles.

El carnicero que estaba por cerrar escogió:

- creer que las circunstancias controlaban su destino
- marcharse a otra parte, porque la vida no estaba siendo justo con el.
- resignarse pensando que ésta era la «suerte» que había caído sobre el, por las decisiones de los demás.

Se puso descortés y rudo con su clientela, porque se autocompadecía. No hizo ningún esfuerzo por limpiar su negocio o alentar a sus clientes que sigan viniendo. Trató de forzar a sus clientes a que se lleven las carnes que el quería venderles en lugar de darles lo que ellos querían comprar.

La actitud del otro carnicero era totalmente diferente. El escogió:

–creer que el estaba en control de su éxito, y no sus circunstancias.

–ser cordial y dispuesto.

–entender que los clientes –o el mundo– no le debían nada, sino que el les debía el buen servicio.

Preparó su negocio para que la gente se sintiera a gusto, hacía a la gente se sintiera bien cuando visitaba el negocio, y trabajaba arduamente para satisfacer las necesidades de ellos, y no las propias.

El hombre que notó las diferencias entre estos dos negocios, entendió cual fue la causa, también hizo una elección. *Eligió creer que dependía de el,* alcanzar o no algo en la vida, aún en medio de la depresión. El problema no era el gobierno, la economía o la clientela mala – sino que su destino dependía de sus decisiones.

¿Quiere usted avanzar en su trabajo? Haga algunas decisiones de calidad:

- Llegue a su trabajo a horario, o algunos minutos más temprano.

- Cumpla con su trabajo en la mejor forma posible.

- Cumpla las horas de trabajo que le están pagando.

- Busque formas en que pueda mejorar su trabajo.

- Aprenda todo lo que puede en relación al trabajo que está haciendo.

- Escoja mantener un actitud buena y agradable hacia los demás empleados, como también con los que están en autoridad.

- Recuerde de hacer su trabajo «como para el Señor».

Si usted no hace un buen trabajo para un simple hombre o una compañía desconocida, ¿cómo podrá ser un trabajador bueno y fiel en lo que Dios quiere que usted haga?

Muchas personas comenzaron a escalar hacia el éxito durante los tiempos difíciles simplemente porque rehusaron creer que las circunstancias externas controlaban sus destinos. Ni tampoco creyeron que era la voluntad de Dios que ellos fueran pobres e infelices.

En el próximo capítulo, quiero mostrarle algunos ejemplos de personas cuyas elecciones no sólo marcaron una diferencia en sus destinos, sino también en nuestras vidas diarias.

---

[1] *Jim Stovall. You Don't Have To Be Blind To See, (Nashville: Thomas Nelson, Inc. Publishers, 1996)*
[2] *Webster's New World Dictionary, Tirad College Edition, (New York" Simon & Schuster, Inc., 1994, 1991, 1988). p. 32*
[3] *. Who Said That?, Rags to Riches" You Don't Have To Be Poor, The Making of a King (Tulsa" TLM Publishing 1996, 1997).*
[4] *Kohe, pp.27-29.*

9
Huellas en las Arenas del Tiempo

> *La vida de los grandes hombres nos recuerdan*
> *que podemos hacer de nuestras vidas algo sublime,*
> *Y que al partir, dejaremos por detrás,*
> *Huellas en las Arenas del Tiempo*
>
> Henry Wadsworth
Longfellow
Poeta del siglo 19

El poema de Longfellow, "A Psalm of Life" (Un Salmo de la Vida) de donde obtenemos la frase «huellas en las arenas del tiempo», fue escrito en el momento más difícil de su vida. El llamó al poema «una voz de lo profundo de mi corazón en un tiempo que combatí contra la depresión». [2]

Este famoso poeta ejerció su derecho a escoger y mantuvo su destino en un curso firme, en vez de permitir que su estado mental y emocional dictaminaran sobre el la depresión y el fracaso; escogió utilizar su talento de inspiración no sólo para ayudarse el, sino también a los demás.

Jim Stovall, quien he citado varias veces, tuvo una de las mejores oportunidades que conozco para permitir que las circunstancias determinen su destino. Nadie lo hubiese culpado si hubiera decidido que no podía ejercer su derecho a escoger. Sin embargo, Jim no permitió que nada ni nadie lo contuviera de ejercer el derecho inajenable dado por Dios.

Como adolescente haciendo un examen rutinario para el ingreso a la facultad, el doctor de Jim descubrió que tenía una enfermedad degenerativa en los ojos que conduciría a la ceguera total en 10 años. Jim sabía que desde los siete años tenía problemas de vista, pero no se imaginaba que eventualmente, quedaría ciego.

Combatió las tres mayúsculas «D» de la misma manera que luchaba con sus oponentes en el coliseo de lucha libre de su escuela secundaria. ¿Cuáles eran sus tres grandes oponentes? Desesperación, desánimo, y derrota. ¿Cómo los venció? Lo hizo continuando su ardua labor para alcanzar sus metas de football y lucha libre. Perdió su beca deportiva, pero ganó una medalla de oro en los campeonatos nacionales, aún después de haber perdido la vista y apenas poder ver los jueces en su estrado delante de el.

Mientras pasaban los años su vista iba disminuyendo, pero aún no la había perdido. Pasó tiempo con las agencias del gobierno ayudándoles a establecer ayuda para los ciegos. Visitó un taller resguardado donde un trabajador social le dijo que allí entrenaban a los ciegos en trabajos, que les ayudarían a valerse por si mismos.

Aprendió que este «maravilloso» trabajo era para sentarse a una mesa todo el día armando escobas o poniendo borradores a la punta de los lápices. En su biografía escribió:

(Esa visita) me reveló el sueño que el «gobierno» tenía para mi vida, no era un sueño muy bueno que digamos. Asimismo, pienso que tampoco lo era para los que trabajaban en ese taller. . . . Alguien les dijo que esto era lo que más podían pretender para sus vidas, y ellos creyeron esa perspectiva.[3]

En el libro sobre su vida, *You Don't Have To Be Blind To See (No necesitas ser ciego para ver)*, Jim nos relata sobre los años que pasó trabajando para alcanzar unas metas personales. Ejerció su derecho a escoger y tomando una decisión tras otra llegó más lejos de lo que había planeado en sus metas. El y su esposa fueron agentes de bolsa muy exitosos durante varios años, y luego el junto a un socio inventaron la televisión narrada.

Lo logró con la ayuda de personas *que no sabían que no podía ser hecho*, cómo dijeron todos los «expertos». Ahora su red es internacional y esta en millones de hogares. Aquellos que no pueden ver la pantalla de televisión, pueden oír una narración de las acciones tomando lugar, como también el diálogo de los actores.

La experiencia de Jim revela el hecho que uno de los eslabones integrales para el éxito es *la expectación del éxito*. Si usted hace una elección y no espera que de resultado, entonces su elección ha sido desperdiciada.

Seguido oímos acerca del éxito de los famosos inventores, atletas tales como el sensacional golfero Tiger Woods, y líderes mundiales, muchos de los cuales empezaron en pobreza, carecieron de educación, y fallaron más de una vez antes de alcanzar el éxito. Ellos son grandes ejemplos para nosotros. Nos dan esperanza y son modelos para imitar.

Huellas sin Fama

No obstante, ¿qué de aquellos que alcanzan el éxito, pero sin fama? Quizá usted tiene una idea que le haría sentir realizado. «Construir una mejor trampa de ratones», no siempre traerá el mundo a su puerta. Sin embargo, da un sentido de haber realizado un buen idea, y una meta cumplida.

Por ejemplo, Levi Hutchins, quien vivía en New Hampshire en 1787, inventó el reloj despertador. Jamás hizo dinero con su idea ni se hizo famoso. Sin embargo, murió satisfecho de haber alcanzado su meta: desarrollar algo para no quedarse dormido. El necesitaba levantarse a las 4:00am para llegar a su trabajo a tiempo.[4]

La moraleja de Levi Hutchins es: No se quede corto con su idea. No se haga una meta demasiada pequeña. Usted puede alcanzar lo que escoja.

Muchos de los pequeños artefactos de hoy día son el resultado de la ambición de alguien, la decisión de alguien de cómo hacer realidad una idea práctica. Cosas como el lápiz con borrador, el chicle, el cono para las cremas heladas, los cordones de los zapatos, los cepillos de dientes, *ad infinitum*.[5] Todos fueron desarrollados en el siglo 19.

Ninguna idea es demasiada pequeña para convertirse en una fuerza para su vida. ¿Dónde estaríamos hoy sin los ganchos de seguridad, el clip de papel, alfileres de punta, cierres, y papel higiénico? ¿Cómo fue que millones de personas podían vivir sin estos pequeños elementos que consideramos de uso común y corriente? ¿Se imagina usted, un mundo sin papel higiénico anterior a 1857?

No interesa cuan buena sea su idea, si usted nunca hace huellas en las arenas del tiempo (con o sin fama y fortuna) a menos que materialice su idea en la esfera de la realidad.

Aun los buenos amigos y hasta la familia pueden desanimarlo en su proyecto, aunque sus intenciones sean buenas.

Walter Hunt, un cuáquero de Nueva York quien inventó el gancho de seguridad, también inventó una escopeta de tiros repetidos, una máquina para fabricar clavos, un artefacto para palear nieve, y otras cosas, como una máquina de coser (en 1832). Vendió su idea del gancho de seguridad por $400, porque necesitaba $15 para pagar una deuda, y nunca más volvió a recibir otro centavo por su invento.

Hunt es otro ejemplo para no imitar, aunque dejó huellas en las arenas del tiempo. Tenía una vista corta y aparentemente la prosperidad no era una de sus metas. ¡Abandonó la idea de la máquina de coser porque su hija lo convenció de que muchas modistas se quedarían sin trabajo![6]

Las ideas que no se llevan a cabo son sólo fantasías.

¿Quiere que el mundo llame a su puerta?

¿Quiere satisfacción personal?

¿Quiere prosperidad?

Comience a realizar elecciones que alcancen esas metas.

El ensayista Ralph Waldo Emerson del siglo diecinueve se le atribuye haber puesto el «concepto de la trampa de ratón» en una cátedra en San Francisco:

> *Si un hombre puede escribir un mejor libro, predicar un mejor sermón, o inventar una mejor trampa para ratones, que su vecino, aunque construya su casa en el bosque, el mundo llamará a la puerta de su casa.* [7]

Querido Sr. Emerson: ¡Me dió resultado!

En el próximo capítulo, miraremos otras formas que usted puede ser obstaculizado para no desarrollar sus ideas y alcanzar sus metas.

[1] Longfellow, Henry Wadsworth, "A Psalm for life" *A Book of American Literature*, (New York: The MacMillan Company, 1946 ed., orig. Pub. 1927), p. 586
[2] *Ibid.*
[3] Stovall, p. 103
[4] Wallechinsky, David and Wallace, Irving. *The Peoples Almanac*, (Garden City, N.Y.: Doubleday & Company, Inc. 1975), 910
[5] *Ibid*, pp.910-915
[6] *ibid*, p 914
[7] *Ibid*, p 910

10
Como Escoger la Prosperidad

Si tienes temor del mañana,
Si estás dispuesto a ser libre para siempre,
Entonces tienes que asir tu vida comenzando hoy,
Y debes planear de una manera mucho mejor. [1]

Peter J Daniels
Motivador Australiano
Orador y Escritor

Cualquiera que haya alcanzado un éxito financiero le dirá que *si usted no cambia su forma de pensar, no cambiará su situación económica*. Usted debe escoger en contra de la mentalidad de la pobreza y aceptar la mentalidad de la prosperidad.

El primer paso para escoger la prosperidad es creer dos cosas: 1) Es la voluntad de Dios para usted, y que 2) Usted puede alcanzarla.

¿Cómo puede saber que es la voluntad de Dios que usted prospere? Aprendemos esto de Su Palabra, en la cual también nos dice cómo prosperar.

Bienaventurado el hombre que teme a Jehová, y en sus mandamientos se deleita en gran manera. . . .Bienes y riquezas hay en su casa, y su justicia permanece para siempre.

Salmo 112:1-3

En otros versículos el Señor nos muestra que «temerle» significa obedecerle. La pobreza forma parte de la maldición que el pueblo de Israel fue advertido en Levítico 26 y Deuteronomio 28. Oír y obedecer los mandamientos de Dios lo pondrá en una posición donde la prosperidad podrá fluir en su vida (Isaías 1:19).

Como puede ver, hacer la elección de ser próspero no es suficiente. Debe preceder la elección de creer la Palabra de Dios y también elegir creer en usted mismo. Esto nos lleva a la pregunta *¿Qué es la prosperidad?*

La Biblia nos revela el significado de prosperidad en 3 Juan 2:

Amado, yo deseo que tú seas prosperado en todas las cosas, y que tengas salud, así como prospera tu alma.

¿Qué es el alma? Es su mente, su voluntad, y sus emociones – la parte de usted que denominamos como su «personalidad». Benjamín Franklin claramente escribió que la fama, el dinero y el poder político no eran lo suficiente para darle contentamiento, siempre que su alma estuviere descontenta. Sin paz mental, no se puede prosperar.

Debe asirse de su vida para poder tener la esperanza de cambiar su situación o sus circunstancias. ¿Cómo «toma control» de su vida? ¿Cómo puede asegurarse que sus planes para "algo mucho mejor" se están llevando a cabo.

La frase de Daniel acerca de las metas continúa con la respuesta:

Entonces persigue a tu meta con un deseo desesperado, con pasión y con excelencia, como si estuvieras en llamas.
No seas tímido, indeciso o lento, avanza con todo lo que tienes y líbrate de todos los sistemas que te atan. [2]

Si usted aún no ha establecido una meta para su vida, es hora de que lo haga. Busque al Señor hasta saber en su interior cuales son Sus metas para usted. Quizá la meta no sea el ministerio, sino los negocios, el entretenimiento u otras áreas en las que usted se desarrolla. Al mismo tiempo, necesitará metas para su empleo actual, y para su desarrollo personal y espiritual.

Una vez que haya establecido una meta o metas firmemente en su mente, comience a ejercitar su derecho a escoger avanzando paso a paso hacia esas metas – así como hizo el Presidente Clinton.

¿El hecho que sus decisiones pueden determinar su destino, le ha impactado como un relámpago del cielo azul? (Espero que si). Porque entonces estará listo para embarcarse en la travesía hacía la realización de su primer meta, su primer paso hacia la prosperidad. Este, claro, es reformar su personalidad.

Cuando usted haya probado el método de Franklin para trazar tales cambios, comenzará a sentir una mayor paz mental. Se dará cuenta que es más fácil relacionarse con los demás. Llevarse bien con otras personas, «hacer con los demás lo que usted quiere que hagan con usted», es un gran paso hacia el éxito, el contentamiento, y la prosperidad.

Una vez que se sienta cómodo siendo «una persona diferente», podrá comenzar a tomar las riendas de su destino estableciendo una meta para su vida, una que se relacione con la prosperidad.

¿Piensa Usted en Términos de «Pobreza»?

Pocas metas pueden ser establecidas en términos de oficio, carrera, profesión, ministerio o política, sin dinero. Por lo tanto, no se puede enfocar totalmente la prosperidad en el dinero, pero tampoco puede haber prosperidad sin dinero.

Una «mentalidad de pobreza» significa «pensar pobremente», «hablar pobremente», y creer que usted «nunca tendrá nada». Jamás prosperará hasta que ejercite su derecho a escoger y eche fuera el pensamiento contrario a la prosperidad.

Deshágase de todos esas ideas que lo mantienen en pobreza, y reemplácelas con la idea que *usted puede prosperar*. La pobreza no es una virtud, ni tampoco lo hace más humilde. La pobreza conlleva humillación, vergüenza y degradación. Esto no es de Dios, como tampoco Su voluntad para Sus hijos.

Dándonos el derecho de elegir, Dios hizo un camino para que podamos alcanzar la prosperidad en nuestras vidas. Si le pedimos, El nos ayudará con ideas de cómo prosperar, pero no hará llover oro sobre nuestras cabezas. Al mismo tiempo el Señor espera que trabajemos diligentemente. Un ejemplo es que El trabajo seis días y sólo descansó un día cuando creó la tierra.

Si usted quiere que Dios le ayude alcanzar la prosperidad, sus motivos deben ser los correctos. La verdadera prosperidad –de espíritu, alma, y cuerpo – sólo llega a los que buscan riquezas sin codicia, deseos egoístas, o por el sólo hecho de acumularlo, lo cual es avaricia.

¿Recuerda la historia del rey Midas, quien todo lo que tocaba se convertía en oro? Cuando todo lo que le rodeaba, incluyendo a su hijita, se convirtió en oro sólido, entendió que el oró no era la verdadera prosperidad.

La prosperidad debe ser un medio para un fin, y no un fin en si misma.

Prosperidad es tener abundancia suficiente para usted y para dar.

La prosperidad no llegará a los creyente que aman el dinero, sino a aquellos que aman lo que pueden hacer para Dios y por otros. El Apóstol Pablo no escribió que el dinero es malo, sino que «el amor al dinero» (la codicia, la avaricia y el egoísmo) es «la raíz de todos los males» (1 Timoteo 6:10).

¡Piense! *Todos los crímenes, guerras y conflictos nacen del amor que la gente tiene por el dinero.*

Millones quisieran ser prósperos, generalmente definiendo esta condición en términos monetarios. No obstante, hay muchos ricos que no son prósperos en salud mental ni física. No son prósperos y felices en sus relaciones, o en su vida espiritual.

Aquí veremos diez pasos hacia la verdadera prosperidad.

Diez Pasos Hacia la Prosperidad

1. *Escoja una mentalidad de prosperar* Jamás alcanzará la prosperidad en cualquier área siempre que «piense pobreza».

2. *Desee alcanzar la meta de la prosperidad con todo su corazón.*

Daniels, quien cité al principio de este capítulo, es miembro de la Junta Internacional de Directores de la Catedral de Cristal donde pastorea Robert Schuller. He enseñado alrededor del mundo como alcanzar las metas en la vida de uno y esto fue lo que escribió concerniente a los deseos y motivos:

> *El deseo es el empuje emocional que resulta de fuertes motivos compulsivos. Por esta razón, cuanto más claro sea el motivo, mayor será el deseo. . . . Es de suma importancia tener claridad en los motivos.*[3]

3. *Interésese por su meta apasionadamente.*

Desear ganar la carrera no es suficiente. Desde el minuto que usted deja de interesarse por alcanzar su meta, en el momento que usted pierde su «primer amor» (Apocalipsis 2:4), va de camino a la derrota, sin importar cuando usted desee ganar. Usted debe interesarse tan apasionadamente por la carrera para no permitirse ser obstaculizado.

4. *Trate con las actitudes que lo obstaculizan.* Hay tres actitudes paralizadoras que Daniels menciona en su poema que tratarán de interponerse para que no avance hacia sus metas: la timidez, la indecisión, y hacer las cosas muy lentas. Y las tres actitudes que procurarán detenerlo después que haya comenzado a avanzar hacia su meta son: la complacencia, la apatía y el temor al fracaso. Cualquiera de estas, fulminará su determinación para ganar.

5. *Procure la prosperidad con los motivos correctos:* por la causa del Reino de Dios, su familia, y para ayudar a otros.

6. *Haga los arreglos necesarios.* Estudie el campo que haya elegido para alcanzar la prosperidad. Aprenda todo lo que pueda acerca de su meta y como otras personas han alcanzado las suyas.

7. *Lleve su plan a cabo con excelencia*; en otras palabras, haga todo en la mejor forma posible.

8. *Escoja buenos pensamientos, buenos pensamientos espirituales acerca de las riquezas.* Elimine los siguientes pensamientos de su mente y reténgase de expresarlos verbalmente:

- «No puedo pagar ese dinero»

- «Nunca voy a tener nada»

- «Siempre me pasan cosas malas»

En lugar de fortalecer una mentalidad de pobreza, hable las mismas cosas pero con optimismo:

- «El dinero no está disponible ahora, pero pronto los tendré».

- «Voy a tener todo lo que necesito y aún más, por que tengo un Padre que quiere que prospere, y que es dueño de todo».

- «Paso momentos difíciles como todos, pero también tengo tantos o más momentos buenos».

Un hombre al casarse comentó: «Mi esposa y yo no vamos irnos de luna de miel ahora, pero nos vamos a ir de luna de miel a Europa.

Veinte años más tarde, se fueron. Si este hombre hubiera comenzado a pensar y decir que le encantaría ir pero que no podía pagar un viaje así, probablemente hubiera continuado pensando y hablando de esa manera. El resultado hubiera sido que nunca habrían ido a Europa.

Durante esos años, nunca perdieron la esperanza, la expectación, y la determinación de alcanzar la meta de ir a Europa.

9. *Escoja medir su vida por las metas alcanzadas.*

¿Mide usted su vida en las medidas del tiempo –días, semanas, meses, o años? ¿O mide usted su vida por los logros que ha alcanzado?

Entienda que el calendario no es su dios, ni tampoco el reloj. Ambos desaparecerán un día, y su preocupación principal ante el Señor será si aprovecho bien el tiempo. La prosperidad utiliza el tiempo que usted da correctamente, tal como usted utiliza el dinero en la forma apropiada.

Nunca se olvide que usted tiene el poder de dirigir su vida en la dirección que usted quiere que vaya, a pesar de las circunstancias. Ese «poder» es su derecho a escoger.

10. *No pierda la esperanza de alcanzar su meta.*

La esperanza es el clima en el cual se realizan las decisiones correctas. No obstante, hay tres cosas que destruyen a la esperanza: hablar negativamente, sintiéndose víctima, y no establecer metas.

- Sin esperanza, no hay ideas, sueños y metas.

- Sin ideas, nada ocurre.

- Sin metas, las ideas jamás se hacen realidad.

El Rev. Charles Swindoll dice que para nosotros la esperanza es tan importante como el agua para el pez, y tan vital a nuestro bienestar como la «electricidad a la lamparita». En otras palabras, no llegaremos muy lejos sin ella.[4]

Una vez que haya tomado todos estos pasos, quizá lo más importante que pueda hacer es reforzar sus decisiones, para proteger sus ideas y para mantenerse en línea con sus metas, cuide las palabras que salen de su boca.

---

[1] Daniels, Peter J. How to Reach Your Life Goals (Tulsa, Honor Books, 1995), p7
[2] Ibid
[3] Ibid p 19
[4] Swindoll, Charles R. Hope Again, (Dallas: Word Publishing, 1996). P.3

11
La Clave Maestra: Seleccionando Sus Palabras

A cada persona le es dada la facultad de alcanzar su destino o destruirse por medio de sus palabras. [1]
Don Clowers
Ministro y Autor

En nuestra vida necesitamos ver el patrón de Dios empleado en la creación y luego imitar esa regla: sea una idea, elección, acción, o *palabras*. Si uno no habla las palabras en acuerdo con la idea que ha decidido poner en acción, *verá pocos resultados o ninguno*.

Recuerde: *las palabras son flechas*. Las palabras negativas también dan en los objetivos. Los objetivos alcanzados por una flecha negativa, llena de duda, palabras incrédulas pueden y anularán sus decisiones correctas. Las palabras negativas matan; no producen vida.

La muerte y la vida están en poder de la lengua. Y el que la ama (la vida) **comerá de sus frutos.**
Proverbios 18:21

La Biblia clasifica a las palabras negativas como (palabras contrarias a las promesas de Dios) «palabras perversas».

La lengua apacible es árbol de vida; mas la perversidad de ella es quebrantamiento de espíritu.
Proverbios 15:4

Hay muchas otras palabras en la Biblia que nos dicen de la importancia y *la efectividad*, para el bien o para el mal, de las palabras que hablamos. Seguido veremos algunas pocas, parafraseadas en mis palabras:

- Una buena palabra alegra al corazón (Proverbios 12:25)
- Las palabras suaves detienen la ira, más las palabras ásperas agitan furor. (Proverbios 15:1)
- La lengua es como un timón que determina la dirección de todo el cuerpo (Santiago 3:4).
- Si cuida sus palabras, salvará su vida. (Proverbios 13:3)

Quizá la mayor advertencia en la Biblia acerca de las consecuencias de las palabras que hablamos la encontramos en la advertencia de Jesús en Mateo 12:36, 37:

> **...De toda palabra ociosa que hablen los hombres, de ella darán cuenta en el día del juicio. Porque por tus palabras serás justificado, y por tus palabras serás condenado.**

«Justificado» en este contexto no implica salvación. Jesús estaba refiriéndose acerca de los hijos de Dios y las recompensas que recibirán del Padre en el día que daremos cuenta de nuestras acciones. Los incrédulos no son condenados por sus palabras, sino porque han rechazado a Jesús como Señor y Salvador.

Jesús dijo en los versículos anteriores que el buen corazón supuestamente emana palabras buenas. Sin embargo, desafortunadamente, un corazón renacido parece también capáz de producir palabras negativas, palabras que contradicen a la Diedad como registra la Biblia.

Usted puede ser cristiano y decir: «¡Yo soy una de esas personas que se le pegan todas las enfermedades de moda!». Esto es hablar negativamente y le dice a su cuerpo que reciba la enfermedad y la dolencia. Usted acaba de obstaculizar su elección de llegar a la meta de gozar una vida saludable.

Hay sectas que piensan que la mente controla el cuerpo y que la enfermedad es un producto de la imaginación. *Esto no es lo que estoy diciendo*. Hay veces cuando, a pesar de escoger estar saludable y de confesar las palabras de la Biblia, usted pueda enfermarse. No obstante, si esto ocurre, la razón no debe ser por las palabras de su boca.

Si usted «confiesa» repetidamente, «no estoy enfermo», cuando lo hace, entonces está mintiendo. La sabiduría dicta aceptar el hecho que está enfermo, *pero rehusar permitir que la enfermedad permanezca en usted*.

En lugar diga:, «Esta enfermedad vino sin ser invitada. No la quiere, y se va a tener que ir».

Sino diga: «Estoy sano – pero aún no he recibido la manifestación; no diga «Estoy enfermo» cuando lo está. Rehúse aceptar un dolor de cabeza, no jure que no lo tiene.

Negar la Realidad no es Productivo

Negar los hechos verdaderos no le ayuda a tratar con ellos, ni tampoco los hará desaparecer. Negar que un terremoto ocurrió obviamente sería absurdo para cualquiera. Negar que un terremoto haya ocurrido en su vida es igual de absurdo y no hay forma de cambiar lo que ya ocurrió.

Sus palabras deberían ser: «Muy bien, el terremoto ya ocurrió. Ahora escojo no permitir que arruine mi vida o me desvíe del sendero que me conduce a mi meta. Voy a recuperarme de mi situación y continuaré adelante».

Esta clase de respuesta es hablar palabras positivas que serán como flechas dando en el blanco que está delante suyo.

Hay muchos libros muy buenos sobre sanidad y como las palabras y la forma de pensar afecta la salud. Consiga algunos y léalos, como también todo lo que la Biblia enseña sobre la salud y la sanidad. Ponga la salud como una de sus metas, y ejercite su derecho de elegir hasta alcanzarla.

Hay dos cosas que detendrán sus palabras positivas, estas dos cosas actúan con el efecto boomerang [2] para que sus palabras vuelvan vacías. Estas son la falta de perdón y el resentimiento. (Mateo 18:21,22; Marcos 11:25,26; Efesios 4:31; Hebreos 12:15, y muchos otros).

Usted no puede estar enemistado con alguien en su corazón (falta de perdón y resentimiento) hablar mal (mal-decir), sin tener pensamientos negativos de ellos. Si quiere reformar su vida, libere esos sentimientos o no llegará a ninguna realización total.

Mucho nos perdonó Dios, por lo que deberíamos estar dispuestos a perdonar «un poco» a los demás (comparado a nuestros pecados contra El). Ame a su enemigo, y hable palabras positivas de el, y verá lo bien que le hará a usted.

En medio de las malas circunstancias, hable palabras positivas (las promesas de Dios). En otras palabras, no concuerde con las circunstancias. En cambio, escoja concertar con la Palabra de Dios y acordar con el Espíritu Santo, para que el pueda obrar en medio de su circunstancia cambiándolas para su bien y la gloria de Dios.

La realidad es que alcanzar las metas propuestas generalmente no ocurre de la noche a la mañana. No es fácil mantenerse hablando palabras positivas cuando el camino no parece tener fin, y parece que uno nunca llega a la meta.

La realidad es que los adultos en camino a la prosperidad, la felicidad y las metas realizadas, a veces son como los niños sentados en el asiento trasero del automóvil con mamá y papá en un largo viaje. Preguntamos repetidamente, cuando vamos a llegar y cuanto vamos a tardar. Queremos dar la vuelta y volver a casa. Nos cansamos, nos desanimamos, y perdemos la esperanza.

Miramos al tiempo en lugar de las metas, como los niños que repetidamente hacen las mismas preguntas cada cinco minutos: ¿Ya llegamos? El Apóstol Pablo nos advirtió que «no nos cansemos de hacer bien» (Gálatas 6:9). Si seguimos adelante, «a su tiempo» alcanzaremos el galardón, llegaremos a la meta, y realizaremos nuestro propósito.

El autor del siglo diecinueve Charles Buxton explicó este aspecto de la vida muy sencillamente:

> *El camino al éxito no debe ser corrido a pasos agigantados; sino paso a paso, poco a poco, etapa por etapa, este es el camino a la abundancia, a la sabiduría, y a la gloria.* [3]

Su felicidad no tiene que depender en alcanzar la meta. En otras palabras, usted puede estar feliz camino a su meta, no necesita diferir la felicidad. La felicidad, como todo en la vida es el resultado de una elección.

---

[1] *Clowers, Don. Spiritual Growth, (Dallas: Don Clowers Ministries, Inc,. Production by Image Source, Tulsa, OK. 1995), p59*
[2] *El "boomerang" es una arma australiana diseñada para ser lanzada y volver al que lo lanzó.*
[3] *New Dictionary of Thoughts (Standard Book Company, 1965), "Success", p. 645 Charles Buxton (1823-1871).*

12
Como Escoger la Felicidad

El mundo feliz es bien diferente al mundo infeliz. [1]
Ludwig Wittgenstein
Filósofo Alemán

La mayoría de nosotros permitimos a otras personas, y a las circunstancias que controlen nuestra felicidad. En lugar de ejercer nuestra autoridad personal, culpamos a los demás y a las circunstancias.

Las personas que han sido victoriosas en la vida son aquellas que han descubierto esta realidad. Comencemos con el Apóstol Pablo, quien escribió que a pesar de los azotes, las prisiones, el hambre y la sed, y la debilidad, había aprendido a contentarse.

En gran manera me gocé en el Señor de que ya al fin habéis revivido vuestro cuidado de mí;. . . No lo digo porque tenga escasez, pues he aprendido a contentarme, cualquiera que sea mi situación.
Filipenses 4:10-11

De alguna forma, generalmente pensamos que Pablo se había resignado a su misión ministerial, que había aprendido a no quejarse en tiempos difíciles, que era imperturbable, todo lo sufría, y que aguardaba su felicidad en el cielo. No obstante, Pablo escribió que el había aprendido a *contentarse*.

¿Qué significa contentarse? El adjetivo griego que se traduce «contentar» en el Nuevo Testamento es la palabra *autarkes,* que originalmente significa «suficiente en uno mismo», esto implica no necesitar de algo o de alguien para ser feliz.[2] Estas son

las palabras que encontramos en un diccionario español para definir «contento»:

> *Satisfecho, feliz, complacido, confortado, tranquilo, libre de preocupación, realizado, sereno y tranquilo....*[3]

En ningún diccionario encontrará la definición de «contento» como «longanimidad, resignado a la suerte, aplastado bajo los vientos de la tormenta, crujiendo los dientes y aguantándoselas».

¡Claro que no! La verdad es que el Apóstol Pablo aprendió que el podía *escoger estar feliz*. La base de su elección para la felicidad fue su decisión anterior, y compromiso total, de alcanzar la meta que Dios tenía para su vida: llevar las buenas nuevas de Jesús al mundo no judío.

Usted aprenderá que es posible elegir vivir feliz cada día de su vida cuando haya escogido creer que Dios le ama, y aunque las circunstancias puedan temporalmente controlar su movimiento, es usted quien controla su pensamiento.

Cuando usted permite que los eventos, las circunstancias, y otras personas controlen su felicidad, voluntariamente está dándoles a esas cosas la autoridad sobre su vida.

Si alguien le hace algo malo, escoja perdonarlo y viva feliz. De lo contrario, estará permitiendo que esa persona le agregue un insulto a su herida. En esencia usted está «cortándose un dedo de la mano que se cortará luego».

Un hombre sabio ha escrito que desde la revolución tecnológica:

> *Ningún hombre puede culpar algo fuera de sí mismo. El hombre debe culparse a sí mismo.*
> *El hombre hace lo que hace porque ha escogido hacerlo.*[4]

La Felicidad Comienza con Usted

Sin embargo, usted no puede elegir la felicidad si no se acepta a sí mismo. La historia del carnicero, en un capítulo anterior, que estaba por cerrar su negocio obviamente no se había aceptado a sí mismo. Se veía a sí mismo como un fracaso; por tanto, hacía elecciones para cumplir esa expectación.

Esta es la razón por la cual los cambios de empezar en su personalidad, sus actitudes, y su propio comportamiento.

El pastor-evangelista sud africano Norman Robertson dice, «El yo que veo, es el yo que seré». [5]

Esta no es una frase o un dicho para motivar. Es una realidad de la vida.

Albert Einstein no se veía a sí mismo como un retardado o lento para aprender, aunque eso fue lo que le dijeron en la escuela. Ese «yo» que el veía en sí mismo fue el genio que el mundo descubrió más tarde.

¿Quién es el «yo» que usted ve en el espejo cada mañana? Usted verá que es más fácil aferrarse a esa imagen positiva a través del día si se toma unos minutos cada mañana para tomar autoridad sobre sus pensamientos, y para planear su día. Aunque signifique levantarse 15 minutos más temprano, usted verá que vale la pena perder esos pocos minutos de sueño.

Este tiempo de establecer metas para su día debería incluir oración, planeamiento de metas a corto plazo (cosas para realizar este día), y tomar decisiones de calidad, comenzando con estas:

• En el día de hoy escojo estar feliz.

- En el día de hoy todo lo que haga escojo hacerlo como para el Señor.

- En el día de hoy escojo cumplir todas mis metas de corto plazo.

- En el día de hoy escojo utilizar este día para ganar buena ventaja en mis metas de largo plazo.

- En el día de hoy escojo ser un vencedor y no un soñador ni uno que pierde el tiempo en vanas imaginaciones (ideas sin planes para llevarlas a cabo).

El vocero Británico Edmund Burke escribió:

> *La diferencia entre el verdadero (vencedor) y el soñador es que uno ve el futuro, mientras que el otro considera sólo el presente; uno vive día a día y acciona con diligencia; el otro actúa sobre principios a largo plazo y para la inmortalidad.* [6]

Es mi oración que todos los que han leído este libro hayan experimentado un gran vislumbrar en su mente y en su corazón, por así decir, y que comience a tomar control de su vida.

---

[1] Wittgenstein, Ludwig. *Tractatus Lógico-Philosophicus (1922), The Oxford Dictionary of Quotations*, 3rd ed., p 575.16

[2] Vine, W.E. *Vine's Expository Dictionary of Old and New Testament Words*, (Old Tappan, N.J.: Fleming H. Revell Company, 1981), Vo. I, p 234

[3] McCutcheon, Marc, editor. *Roget's Super Thesaurus*, (Cincinnati: Writer's Digest Books, 1991, 1st ed.) p. 118

[4] Kohe p. 58

[5] Robertson, Norman. *Winners in Christ*, (Charlotte, N.C." NRM Publications, 1995), p.27

[6] *The New Dictionary of Thoughts*. P. 407

13
Cuando Los Hombres Buenos Se Callan

> *El panorama mundial son los filtros culturalmente determinados a través de los cuales percibimos y experimentamos la realidad.* [1]
>
> Zeb Long y Douglas McMurry
> Misioneros Evangelistas, Pastores y Autores

Cuando usted comienza a ejercitar su derecho de elegir con el propósito de conformarse a la imagen de Jesús, obviamente sus nuevas decisiones, su nueva personalidad conformada, y su vida, afectarán la vida de su familia, amigos, y la gente con quien usted trabaja. Sin embargo, hay una dimensión más allá que sus elecciones pueden llegar a afectar a la sociedad.

Por ejemplo, como ciudadano de su país, usted tiene la responsabilidad de hacer elecciones en el gobierno y en la sociedad, que causarán que el Reino de Dios «se establezca en la tierra, así como en el cielo». (Mateo 6:10)

La primera batalla que ganaron los Nazis fue cuando el pueblo, que vió los objetivos malignos del régimen de Hitler, nada hicieron para detenerlo – cristianos y no cristianos.

La «buena» gente de Alemania no hizo nada (el resto del mundo tampoco por muchos meses), y consecuentemente, ocurrieron cosas «extremadamente» horrorosas.

Como orador, empresario, y autor, sería un negligente en cumplir mi comisión de enseñarle a otros cristianos como recibir las bendiciones que le pertenecen bajo el Nuevo Pacto (Gálatas 3:26-29), si terminara este libro sólo indicando la forma en que sus decisiones afectan su vida personal. Nadie pasa por esta vida sin que sus decisiones tengan un efecto sobre la vida de los demás como también en la sociedad.

En términos de gobierno, tomando como ejemplo a los Estados Unidos, ejercer el derecho de elegir, ante todo, significa primero registrarse para votar, y luego decidir votar. Para votar de acuerdo a la voluntad de Dios, primero debe procurar interiorizarse con las plataformas políticas, y luego con los candidatos electorales.

Después de comprender las cuestiones implicadas y conocer todo lo que pueda de los candidatos electorales, ore para saber a quien votar. Sólo Dios conoce los corazones de los hombres. (1 Reyes 8:39; Lucas 16:15). ¡Los candidatos durante sus campañas parecen verdaderos líderes pero una vez que toman el mando se vuelven en políticos!

Algunos cristianos pueden ser guiados por su conciencia y aún por el testimonio de Espíritu Santo, a postularse como un gobernante. Si este «llamado» llega a su vida, usted tendrá la elección de servir a Dios en esta capacidad. El rey más sabio de Israel escribió:

Cuando los justos dominan, el pueblo se alegra;
Mas cuando domina el impío, el pueblo gime.
Proverbios 29:2

Además, parte de ser un ciudadano «íntegro» del Reino de Dios sobre la tierra es orar por los que están en eminencia, aunque no haya votado por ellos, ni se agrade de ellos, o no este de acuerdo con todo lo que hacen.

> **Exhorto ante todo, a que se hagan rogativas, oraciones, peticiones y acciones de gracias, por todos los hombres; por los reyes y por todos los que están en eminencia, para que vivamos quieta y reposadamente en toda piedad y honestidad.**
>
> *1 Timoteo 2:1-2*

En un capítulo anterior, dije que nuestras elecciones no son vacías. Sin esfuerzo y sin establecer la práctica de confirmar todo con la Palabra de Dios y por el carácter de Jesús, las decisiones que tomemos serán «torcidas» hacia la filosofía del mundo y no estarán en línea con la voluntad de Dios y nuestro conocimiento de El.

El Apóstol Pablo advirtió a los primeros cristianos acerca de los peligros de apartarse de las enseñanzas de Jesús siguiendo el pensamiento o la filosofía de la sociedad secular de sus días.

> **Mirad que nadie os engañe por medio de filosofías y huecas sutilezas, según las tradiciones de los hombres, conforme a los rudimentos del mundo y no según Cristo**
>
> *Colosenses 2:8*

¿Cuál fue la razón que Pablo empleó la palabra «engaño»? La empleo porque esto es exactamente lo que hace el conocimiento basado en principios anti-biblicos: lo aparta de la pensamiento correcto utilizando la artimaña del engaño. La traducción NVI dice:

> **Cuídense de que nadie los cautive con la vana y engañosa filosofía que sigue tradiciones humanas, la que va de acuerdo con los principios de este mundo y no conforme a Cristo.**

Ambas traducciones dejan en claro que Pablo sabía que la filosofía y el punto de vista del mundo basado en la tradición humana no sólo podía engañarle robándole la paz y la felicidad sino también llevarlo a una atadura mental.

La filosofía del mundo y gran parte de su sistema educativo siempre ha puesto su fundamento sobre la «arena» y no sobre la roca.

Si Jesús no está en su vida, «su casa está edificada sobre la arena» (Mateo 7:24-27)

Sin un sistema basado en la Biblia, la sociedad, las culturas, y los gobiernos están edificados sobre la arena.

La mayoría de los escritores cristianos definen a los Estados Unidos y a la mayor parte del mundo occidental como «paganos», ya dejó de ser la cultura judía-cristiana que fue en un tiempo. Esto no ocurrió de la noche a la mañana o sin que el cuerpo de Cristo lo permitiera, por medio de no hacer nada al respecto o por elegir adoptar la sabiduría del mundo.

Durante el medio siglo desde Segunda Guerra Mundial, una mayoría de «hombres buenos» y mujeres han ejercido su derecho de escoger «hacer nada», acerca de la tendencia descendiente del pensamiento de la sociedad. (Cualquier tendencia que se aleja de Dios y de la moralidad Bíblica es «descendiente») La iglesia no ha cumplido su responsabilidad de elegir (buscar) primeramente el Reino de Dios (Mateo 6:33)

Long y McMurry escribió:

> *Dios tiene una voluntad propia, una manera de hacer las cosas que nosotros insistimos que no puede hacer o que no hará... .Debemos, así como Jesús, mirar lo que hace Dios y aprender a alinearnos con lo que El está haciendo.*[2]

¿Cómo podemos estar seguros de estar utilizando nuestro

derecho inajenable dado por Dios, para elegir en acuerdo con los principios del Reino?

Hacemos esto examinándonos de la forma que vemos el mundo – la ciencia, el gobierno, la educación, la cultura, etc...– y luego amoldando nuestros pensamientos con lo que la Biblia dice que es verdad es esas áreas.

Cambiando sus «Filtros»

Quizá usted diga: «Pero la Biblia no es un libro científico. No nos explica como los átomos se dividen o como se clonan las ovejas».

No, Dios no nos vio preparados para decirnos todos los detalles de Su creación o el proceso creativo. Sin embargo, si cualquier principio científico contradice la Palabra de Dios, podemos elegir no creerlo.

- *¿Escogemos creer que Dios creó la tierra y todo lo que en ella hay, incluyendo la humanidad? O escogemos aceptar la filosofía del mundo que el hombre y los animales evolucionaron de un ancestro común que nadie sabe como comenzó su existencia?*

La primera elección nos pone en el sendero de convertirnos en hijos e hijas del Creador, miembros de una linaje renacido a través de Jesús, el unigénito de Dios (Juan 3:16).

La segunda elección nos lleva a creer que toda vida, humana o animal, tiene el mismo valor e importancia, que la conciencia termina con el fallecimiento del cuerpo físico, y que la «madrastra mono» de Tarzán es lo mismo que una amante madre humana, y que su muerte debe ser enlutada a la igual que una amante madre humana, una extensión lógica del pensamiento basado en la teoría de la evolución. [3]

La primera elección nos lleva a valorar la vida de un niño que aún no ha nacido; la segunda elección nos lleva a considerar un niño humano a la igual que un animal que puede ser descartado a voluntad.

- *¿Escogemos creer la sabiduría de la Biblia como la verdadera base de la «libertad, y la búsqueda de la felicidad?» ¿O escogemos creer la psicología, todas las teorías «auto-actualizadas», estratagemas, y los argumentos tan populares de las últimas dos décadas?*

C. S. Lewis hizo una observación que Dios diseñó a la humanidad como un ingeniero diseña un motor a gasolina. No funciona con ningún otro tipo de combustible, sino con gasolina, sin ser modificado en un tipo de máquina diferente. Dios diseñó al hombre para que funcione con El, y no hay verdadera felicidad en la vida si nuestras elecciones están dirigidas a funcionar con otro tipo de combustible: altivez, temor, falsas religiones, ateísmo, o las filosofías que hacen del hombre un dios.

> *Esta es la clave de la historia. Grandes energías son desplegadas – civilizaciones son levantadas – excelentes instituciones son orquestadas, pero siempre algo sale mal. Alguna falla fatal siempre lleva a gente egoísta y cruel a la cima, y todo vuelve a la miseria y a la ruina.* [4]

- *¿Cremos que la moralidad esta basada en los diez mandamientos de la ley dada a Moisés? (Exodo 20) ¿O creemos que la «moralidad» se basa en situaciones y circunstancias?*

Durante los últimos cuarenta años, esta segunda creencia ha

prevalecido. El resultado ha sido la extensión del «paganismo» en el occidente. Ralph Waldo Emerson escribió un corto poema acerca de grandes hombres que suma lo que las correctas decisiones de los individuos puede hacer para moldear y cambiar una civilización.

*No el oro, sino los hombres pueden
forjar un pueblo grande y fuerte;*

*Hombre quienes por verdad y por honor,
Se mantienen firmes y sufren mucho.*

*Hombres valientes que trabajan mientras otros duermen,
Enfrentan desafíos mientras otros vuelan*

*Construyen los profundos pilares de una nación
Y los levantan hasta el cielo.*[5]

Esta es su Oportunidad

Los «pilares» de América eran profundos y elevados hasta el cielo, desde los primeros colonos hasta el descenso sobre la luna. Cuando la mayor parte de los americanos decidieron «separar la iglesia del estado» (aún las decisiones de algunos cristianos que debían haber escogido mejor), los pilares comenzaron a temblar y nuestras altura y grandeza se derribó.

El viejo narrador de fábulas, Esopo, dijo: «La verdadera valentía yace en hechos, no en palabras».[6]

Quisiera parafrasearle este pensamiento «el verdadero cambio en su vida o en la sociedad está en hacer las decisiones correctas, y no es una aceptación pusilánime del status quo».

Aún aquellos que nacieron en hogares cristianos y se criaron como tales, concurriendo a la iglesia, y educados en las escuelas cristianas, pueden tener sus «filtros» contaminados por toda la programación atea de la televisión, películas, y publicaciones, como también la letra de la música que nos asecha dondequiera que vamos.

Por lo tanto, mi conclusión acerca de «Su Mayor Capital» no sería completa sin advertirle que su percepción, el «filtro» a través del cual usted decide lo que es verdad o mentira a su alrededor, periódicamente necesita ser limpiado. Aunque haya confirmado todo lo que cree por la Biblia, así como hicieron los cristianos de Berea en el Nuevo Testamento (Hechos 17:11), usted debería saber que «el polvo y la basura» de lo que ve y oye cada día «obstruirá» su percepción de los eventos, los hechos, y como debe conducirse. Y luego puede ser robado de su primogenitura: su derecho a escoger.

No ser seducido a tomar decisiones erróneas es importante para la vida de todos, en cualquier sociedad, nación o cultura. No obstante, observando la historia se puede aprender que algunas épocas en el tiempo, son más estratégicas que otras. Si en los años 1930, en Alemania por ejemplo, se hubieran tomado suficientes elecciones correctas, se podría haber salvado millones de vidas. Esa época marcó un punto de cambio en la historia del mundo. Ninguna nación o civilización ha vuelto a ser la misma desde entonces.

En el libro de Ester, la Biblia relata de un tiempo en la historia, que se correlaciona con Alemania Nazi. Por la elección de un hombre malvado, Amán, la nación Judía exiliada en Persia por poco sufrió la desgracia de los Judíos que vivieron en Alemania durante los primeros años de 1940. Como puede ver, la decisión de un hombre puede manipular los eventos que cambiarán la historia.

Sin embargo, el rey de Persia de aquel tiempo, había tomado a una joven judía como reina (Lea el libro entero, es una historia fascinante). Su primo, Mardoqueo, quien la había criado, ejercitó su derecho inajenable de elegir pedirle que interceda con el rey, lo que hubiera significado perder su vida por hacerlo.

Las palabras que le habló formaron una pregunta que yo quisiera hacerle a todo aquel quien lee este libro: *¿Y quién sabe si para esta hora has llegado al reino?* (Ester 4:14).

Quisiera finalizar este libro con algunas frases que ilustran el enemigo más grande de su derecho inajenable: la postergación.

> *El Señor Pensaba-Hacer tiene un compañero,*
> *Su nombre es No-Lo-Hice,*
>
> *¿Tuvo usted alguna vez la oportunidad de conocerlos?*
> *¿Alguna vez cruzaron caminos con usted?*
>
> *Estos dos señores viven juntos*
> *En la casa del Fracaso,*
>
> *Me han dicho que está embrujada*
> *Por el fantasma de Podría-Haber-Sido.* [7]

Benjamín Franklin, el prócer que utilicé como ejemplo de alguien que no sólo estableció metas de elegir cambiar, sino que cambió su personalidad con la ayuda de Dios, una vez escribió:

> *Trabaja mientras vivas el hoy, porque sabes como puedes ser obstaculizado mañana. Un hoy vale más que dos mañanas, nunca dejes para mañana lo que puedes hacer hoy.* [6]

[1] Long, Zeb Bradford and McMurry, Douglas. *The Collapse of the Brass Heaven*, (Grand Rapids: Cosen Books, Baker Book House, 1994) p. 26
[2] Ibid, pp. 218,219.
[3] Nota del Autor: Vea la finalización de la película, Greystoke, una versión moderna de del la serie clásica de Tarzan por Edgar Rice Burrough, un muchaco ficticio que supuestamente fue criado por monos en la jungla de Africa.
[4] Lewis, *Mere Christianity* p 54
[5] Bennett, William J. *The Book of Virtues*, (New York: Simon & Schuster, 1993), p. 418
[6] Ibid, p 457
[7] Ibid, p. 364
[8] Ibid.

Diez Elecciones para Cambiar su Vida

Elija a Jesús como su Señor y Salvador, lo que significa que ha elegido al Cielo como su destino final y a Dios como su Padre

Escoja aceptar su responsabilidad de ejercitar el derecho inajenable que Dios le ha dado: ¡el derecho a escoger!

Escoja vivir una vida confiada, no tímida

Escoja vivir una vida feliz, y no llena de infelicidad y descontento.

Escoja tener un espíritu pacífico, y no ansioso.

Escoja tener una mente calma; escoja descansar en el Señor, no en la confusión.

Escoja llevarse bien con los demás, no sea contensioso.

Escoja sacar todo el provecho que pueda de la vida, no acepte la derrota.

Escoja metas para hacer de su vida lo que usted anhela.

Escoja la prosperidad, no la pobreza.

Para citar a Daniels una vez más:

> *Ya se habrá dado cuenta que usted posee en realidad una poderosa «varita mágica; se llama «elecciones», y está esperando que usted «presione el botón» llamado decisión (su voluntad) para realizar los ajustes necesarios en su vida.*
> [1]

¡Y yo digo «Amén» a esto!

---

1 Daniels, p. 51

Acerca del Autor

De ser un joven Arkanseño de diecisiete años (del Estado de Arkansas, EU) que abandonó sus estudios secundarios, haciendo dedo en las carreteras para llegar de un lugar a otro, con ocho dólares en su bolsillo; llegó a ser un ilustre hombre de negocios en la Ciudad de Tulsa, locutor radial y autor, que ha impactado la vida de miles de personas alrededor del mundo, con el mensaje bíblico que inspira para alcanzar el éxito en la vida.

Debido a que Tom nació en la pobreza, de joven creyó en la Palabra de Dios, para alcanzar su éxito personal. Como resultado, obtuvo su bachillerato en contabilidad y derecho comercial, un "Master" en administración de empresas, y "Doctorados" en filosofía y finanzas. Tom ha alcanzado el éxito en todos sus emprendimientos al aplicar los principios bíblicos y financieros de la Palabra de Dios en forma diaria.

Como agente de seguros de "Farmer's Insurance Group", sobrepasó la marca de ventas de la compañía y fue el vendedor número uno entre 14,000 agentes durante siete años. Tom ha estado activo con el "Full Gospel Business Men's Fellowship" desde 1955, y se desempeña actualmente como el Director Internacional. Al finalizar la década de los años 90, Tom dejó el mundo de los negocios para responder, en fe, al llamado de Dios y dedicarse al ministerio a tiempo completo.

Tom establece pilares para todos los milagros con su **"Club de las 5:00 AM"**. Un programa diario de lectura bíblica que el Señor le enseñó de joven, donde luego escribe su "visión" de acuerdo a Habacuc 2:2,3 utilizando la lista de sueños y metas para "convertirse, hacer y tener". Seguido, Tom respalda estas metas con promesas escritas de la Palabra de Dios. A medida que obedecemos a la Palabra de Dios, podemos hacer todo en Cristo que nos fortalece (Filipenses 4:13)

Tom ministra en iglesias por los Estados Unidos, México, Costa Rica y alrededor del mundo. Recibe invitaciones regulares para programas radiales y cadenas de televisión cristiana.

Tom dice que su mayor éxito es haberse casado con su esposa, Sue, "su amor de secundaria", y estado junto con ella durante 50 años maravillosos. Tienen un hijo Ron, su esposa Carol, y sus dos nietos, Adan y Rebecca. Tom y su famlia viven en Tulsa, Oklahoma.

Carta Abierta de Tom Leding

Estimado amigo:
Su correspondencia es muy importante porque usted es una persona especial para Dios y también para mi. Quisiera poder ayudarle en todas las formas que pueda. Si usted está enfrentando necesidades espirituales o si experimenta conflictos en su vida, o si tan sólo quiere saber si alguien se interesa en su situación, escríbame. Oraré a Dios por sus necesidades y reponderé su carta con palabras de ánimo y Escrituras que le ayudarán a recibir el milagro que necesita.
Sé que Dios nos ha unido en el propósito de enseñar Su Palabra alrededor del mundo. ¿Quisiera usted ser uno de mis compañeros de oración? A medida que sembramos, los principios de Dios para el éxito y la prosperidad, el Señor nos garantiza los siguientes beneficios:

    1. Protección (Malaquías 3:10-11)
    2. Favor (Lucas 6:38)
    3. Prosperidad Financiera (Deuteronomio 8:18)

En todo lo que sembremos debemos esperar recibir una cosecha abundante. Dios siempre cumple Su Palabra.

Su compañero de oración,

                                        Tom Leding

Si desea contactarnos escriba a:

Tom Leding Ministries
4412 S. Harvard, Tulsa, OK. 74135
Estados Unidos de América

1-800-880-8220

www.tomleding.com

La Decisión es Suya

¿Quiere hoy aceptar a Jesús como su Señor y Salvador?

La biblia dice: "que si confesares con tu boca que Jesús es el Señor, y creyeres en tu corazón que Dios le levantó de los muertos, serás salvo. Porque con el corazón se cree para justicia, pero con la boca se confiesa para salvación. (Romanos 10:9-10)

¡Haga esta oración de lo profundo de tu corazón!

Señor Jesús, me arrepiento y me aparto de mis pecados y te pido que me perdones por todo lo malo que he hecho. Te pido que entres en mi corazón y que seas el Señor de mi vida. Yo confieso con mi boca que Tu eres mi Señor y Salvador, y creo en mi corazón que Dios te ha levantado de los muertos.

Comience a motivarse con la Palabra de Dios cada mañana con

EL CLUB DE LAS 5:00 AM

Simplemente lea cada día:
- **2 capítulos del Antiguo Testamento**
- **5 capítulos de los Salmos**
- **1 capítulo de Proverbios**
- **2 capítulos en el Nuevo Testamento**

Cuando complete cada sección, comience de nuevo. Esto lo llevará a través del Antiguo Testamento una vez al año, Salmos y Proverbios una vez al mes, y el Nuevo Testamento dos veces al año.

Escriba en una tarjeta de 3 x 5 los siguientes versículos y léalos tres veces al día:

"El Reino de Dios está dentro de mi"
Lucas 17:21b
"Ninguna arma forjada contra mi prosperará"
Isaías 54:17
Recuerde que
"lo que es imposible para los hombres, es posible para Dios"
Lucas 18:27
"Amado, yo deseo que tu seas properado en todas las cosas, y que tengas salud, así como prospera tu alma"
3 Juan 2

Dios les bendiga ricamente,
Tom Leding

LA LISTA DE MIS METAS Y SUEÑOS
ESCRIBA EN LOS ESPACIOS ABAJO LAS DIEZ COSAS QUE A USTED LE GUSTARIA "SER–HACER–O TENER"

1._____

2._____

3._____

4._____

5._____

6._____

7._____

8._____

9._____

10._____

"Escribe la visión, y declárala en tablas, para que corra el que leyere en ella"

Habacuc 2:2

Firme su nombre

Otros Títulos por Tom Leding

De Pobreza a Riqueza: Usted No Tiene Que Ser Pobre le enseña los pasos prácticos que usted puede tomar para salir de las ataduras de la pobreza, y caminar hacia su herencia como hijo de Dios. Disponible en inglés y español. $10

Su Mayor Capital ilustra con claridad que usted tiene una elección en las cuestiones de la vida. Aproveche al máximo sus oportunidades. Disponible en inglés y español. $10

La Formación de un Rey: Usted Puede Elevarse por Encima de sus Circunstancias, enumera cuarenta cosas que usted debe tener, hacer, ser o lograr para "reinar" en su esfera de influencia. El fracaso jamás le vencerá si su determinación para alcanzar el éxito es lo suficientemente fuerte. Sólo en inglés. $15

El Plan de Exito - Leding, le guía paso a paso para descubrir e implementar el plan de Dios para su vida. Manual Práctico, sólo en inglés $5

Para pedidos llame al:
1-800-880-8220

O escriba a

**TLM Publishing
4412 S. Harvard
Tulsa, OK 74135
www. tomleding.com
email: tomleding@yahoo.com**